アクティブ・ラーニングを位置づけた中学校国語科の授業プラン

吉川 芳則 編著

明治図書

はじめに
Introduction

　ほぼ10年おきになされる学習指導要領の改訂作業。平成20年版のキーワードの1つは,「言語活動の充実」でした。そして,次は本書の書名にある「アクティブ・ラーニング」です。
　次々と新しい用語が出され,それに過剰なまでに反応し,時間の経過とともにいつの間にか死語のような扱いになっている。そうしたことを繰り返すのが教育界の特質でもあります。もちろん社会や子どもたちの変化,時代の要請もあります。それに対応した教育を求め,推進していくことは必要です。しかし,何が本当に大事なことか,大切な力か,本質を見定めて実践に反映させないと,腰の据わらない表面的な取り組みに終わります。
　アクティブ・ラーニングは,教師の説明を聞くだけの静的な学習から脱却するための方法論ではあります。ですが,それはただ活動的であればよいというものではありません。深く思考し,適切に判断し,確かに豊かに表現する力に培う学習活動であることが要求されます。
　国語科は,そうしたことを可能にするための中枢を担う教科です。人間はことばで対象を認識し,それについて思いを巡らし,考えます。そして,そうしてとらえた事柄をことばで表現し,他者に伝えます。どのような学習活動を設定しようが,ことばを用いないでそれらを成し遂げることはできません。国語科の授業は,ことばでよく思い,よく考え,よく表現することを抜きにしてはあり得ない。改めてそう強く自覚する必要があります。

　アクティブ・ラーニングの発想そのものは,中学校の現場での実践でいうと,何も目新しいものではありません。しかし,それがどれくらい実現されてきたかというと,心許なさはつきまといます。せっかくの機会です。アクティブ・ラーニングが主張する内容を生かした授業づくりに取り組むことによって,生徒にことばのもつおもしろさ,奥深さに気づかせ,ことばで表現することの意義や価値を実感させたいと思います。

　アクティブ・ラーニングを取り入れる際にもう1つ心しておきたいことは,生徒たちに仲間と協働して学ぶことの楽しさ,おもしろさ,豊かさを実感させてやりたいということです。学校で学ぶことの意義,よいところは,見方や感じ方,考え方や発想の異なるたくさんの他者との学び合いがある点です。

　1人で考えることには限界があります。けれども自分と他者,互いに刺激し影響し合いながら,ともに成長していく。力を合わせて,自分でも気づかなかった新たな潜在的な力を引き出し合っていく。こうした学びを経験した生徒たちは,生涯にわたって他者と学び合い,高め合う生活スタイルを大事にしていくようになることが期待できます。

本書には，各学年の３領域１事項の実践18編を収録しました。どの実践も，生徒たちの学ぶ意欲を喚起することに努めています。そして，よく思考，判断し，多様に表現することを求める授業づくりになっています。アクティブ・ラーニングの実践としての不十分さ，未熟さを自覚しながらも，果敢に挑戦した実践です。

　課題解決的な授業の中でこそアクティブ・ラーニングの真髄は発揮されるのでしょう。しかし，そうでない授業の中でもアクティブ・ラーニングの考え方に通じる授業づくりのポイントは生かされます。いわゆる「アクティブ・ラーニング的」な授業づくり，実践であっても，恐れず教室で試みていく中で，これぞアクティブ・ラーニングという授業にたどり着くものなのでしょう。実践を確かに，そして豊かにするとは，そういう営みであると考えます。

　本書に示した授業づくりの考え方や実践のありようを基に，読者がそれぞれなりに解釈いただいて，ことばの力がつく，楽しい国語科授業の開発に取り組んでいただけることを願っています。

2016年６月

吉川　芳則

もくじ
Contents

はじめに

第1章 アクティブ・ラーニングを位置づけた中学校国語科の授業づくり

1 アクティブ・ラーニングとは何か ……………………………………………… 8

2 中学校国語科におけるアクティブ・ラーニングの位置づけ ………………… 13

3 本書におけるアクティブ・ラーニングのとらえ ……………………………… 17

第2章 アクティブ・ラーニングを位置づけた中学校国語科の授業プラン

録音・録画再生機器を活用しよう ………………………………………………… 20
(1年／話すこと・聞くこと／「スピーチ名人になろう」「おすすめの本を紹介しよう」)

感じたことを文章にしよう ………………………………………………………… 26
(1年／書くこと／「鑑賞文を書こう」)

インタビューで登場人物の心情に迫ろう ………………………………………… 32
(1年／読むこと／文学的な文章「少年の日の思い出」)

筆者の論証に納得するか …………………………………………………………… 38
(1年／読むこと／説明的な文章①「オオカミを見る目」)

筆者の説明の工夫とその効果を検討しながら読もう …………………………… 44
(1年／読むこと／説明的な文章②「ちょっと立ち止まって」)

作者がすばらしいと思っているのは，天上の世界か地上の世界か …………… 50
(1年／古典／「竹取物語」)

話合いの方向を考えて発言しよう 56
（2年／話すこと・聞くこと／「合意形成を図る話合い（自主教材）」）

質問に答えて書こう 62
（2年／書くこと／「質問に答えて書こう（学テアイデア例）」）

セリヌンティウスがメロスを疑ったのはいつか 68
（2年／読むこと／文学的な文章①「走れメロス」）

「字のない葉書」は，どのくらい準備されたか 74
（2年／読むこと／文学的な文章②「字のない葉書」）

筆者の論証の仕方に納得するか 80
（2年／読むこと／説明的な文章「モアイは語る——地球の未来」）

兼好法師のものの見方・考え方から兼好像に迫っていこう 86
（2年／古典／「徒然草・神無月のころ」）

「図書館とインターネット」ディベートをしよう 92
（3年／話すこと・聞くこと／「ネット時代のコペルニクス」）

論理の展開を工夫して書こう 98
（3年／書くこと／「論理の展開を工夫して書こう」）

最後の2行で作者は悲しんでいるのか 104
（3年／読むこと／文学的な文章①「レモン哀歌」）

ルロイ修道士の日記を書いてみよう 110
（3年／読むこと／文学的な文章②「握手」）

フリップにした「本論」で考えよう ... 116
(3年／読むこと／説明的な文章「月の起源を探る」)

芭蕉が松島の句を載せなかったのはなぜか ... 122
(3年／古典／「おくのほそ道」)

第3章 アクティブ・ラーニングを位置づけた中学校国語科の授業の評価

1　アクティブ・ラーニングにおける評価 ... 130

第1章

アクティブ・ラーニングを位置づけた中学校国語科の授業づくり

1

1 アクティブ・ラーニングとは何か

❶アクティブ・ラーニングの定義

　アクティブ・ラーニングとは，学習者の能動的で主体的な学びをつくり出すための教授＝学習法のこと。もとは大学の授業のあり方を改善するために打ち出されたものです。

　大学の授業といえば，教員は講義と称してひたすら話す・しゃべる人，学生はそれを聞き取りノートをとる人，こういうイメージでしょうか。もちろん知り得なかった未知の内容を聞くことで知的刺激を受け，探究心が芽生えることはあります。それでも，毎度毎度聞くばかりの授業では，学生の集中力も途切れがちになるでしょう。興味・関心も持続せず，深い学び，発展的な学びといったものは成立しにくくなります。

　知的で探究的，生産的な学生の学びを創出するためには，大学の授業こそ内容も方法も変えていかねばならないとして提唱されたのが，アクティブ・ラーニングです。中央教育審議会答申（2012）では，次のように説明されています[1]。

　　　教員による一方向的な講義形式の教育とは異なり，学修者の能動的な学修への参加を取り入れた教授・学習法の総称。学修者が能動的に学修することによって，認知的，倫理的，社会的能力，教養，知識，経験を含めた汎用的能力の育成を図る。発見学習，問題解決学習，体験学習，調査学習等が含まれるが，教室内でのグループ・ディスカッション，ディベート，グループ・ワーク等も有効なアクティブ・ラーニングの方法である。

　学生がひたすら聴講するタイプの授業から脱却し，発見学習等，学びの質を高める授業方式を開発・実行すること，グループ・ディスカッション等，授業における学習活動を活性化する方法を開発・実行することが要求されていることがわかります。とはいえ，これらは初等・中等教育ではいずれも既に提唱され，取り組まれてきた授業方式であり学習活動です。取り立てて新しいものではありません。

　ただし，十分に取り組まれているかと問われると，必ずしもそうではない面もあるでしょう。とりわけ中学校においては，そうした傾向が強いかもしれません。小学校に比べ，中学校では各教科の学習内容は増えます。それにもかかわらず，授業時数は減ります。そうした状況の下，国語科においても，勢い講義・説明型の授業が中心になっている現実があります。

　課題解決的な授業を展開しようとしても，時数の余裕がないという感覚が先に立ち実施できない。1時間の授業の中にグループでの話合いを位置づけようとしても，教えるべき内容が多

くて時間的に無理だ。こうした判断に基づいて，結果的には教え説明していく方が効率的，という発想になっていることが多いようです。

しかし，そのような意識で行った授業が，生徒たちの学習意欲や考える力，書き表す力などを必ずしも高めることにはなっていないことも，当の教師自身が一番感じています。アクティブ・ラーニングが，こうした実態を払拭するきっかけになることが期待されます。

❷アクティブ・ラーニングと「言語活動の充実」

アクティブ・ラーニングの定義ということでは，大学教育としてのアクティブ・ラーニングについて早くから研究している溝上慎一は，溝上（2014）で次のように説明しています[2]。
　　一方向的な知識伝達型講義を聴くという（受動的）学習を乗り越える意味での，あらゆる能動的な学習のこと。能動的な学習には，書く・話す・発表するなどの活動への関与と，そこで生じる認知プロセスの外化を伴う。

溝上は，知識伝達型の講義は受動的であると指摘し，それを能動的な学習に変えていくために，生徒を書く，話すなどの言語活動に従事させるべきだと述べています。また，そうした言語活動を展開する中で生じた学習者の思考作用を表出したり伝えたりして，自覚することの必要性も指摘しています。

これは平成20年版の『学習指導要領』が，生徒の言語活動を充実することで思考力，判断力，表現力等をはぐくむとしたことに通じます。「言語活動の充実」は，授業内容に応じて，論述，説明，報告等の言語活動を積極的に位置づけ，そうする過程で，また結果として思考し，判断し，表現する力を伸ばそうというものです。溝上の指摘する「書く・話す・発表するなどの活動への関与」「そこで生じる認知プロセスの外化」と同じです。

したがって，上記の溝上の定義に基づくと，「言語活動の充実」を図ることで授業を活性化しようと取り組んできたこれまでの，そして現在の試みをそのまま継続的に深化，拡充していくことが，アクティブ・ラーニングを位置づけた授業づくりを推進することにもなります。

❸アクティブ・ラーニングの量的充実，質的充実

「言語活動の充実」について述べる場合に，私は量的側面からと質的側面から「充実」していくことを主張しています（吉川：2015）[3]。

(1)「量的充実」について

まず量的充実ついては，授業を学習者主体のものに変えていくために，「もう５分，子供に返そう」という言い方で呼びかけてきました[4]。説明することを中心に50分の授業の中で教師が独占している時間の中から，もう５分間だけでいいので，生徒たち自身が「話す」「書く」

「読む」言語活動（＝学習活動）として彼らに返していきましょう，というものです。

「返す」ということばには，「50分の授業時間は，本来は生徒たちの『学習時間』として確保されるものなのですよ」という確認の意味があります。また「それを教師が（時に）一方的に説明するだけで，生徒は何となく（受動的に）『聞く』という言語活動しかできないような授業構成にしていませんか」「彼らが『聞く』以外の言語活動に夢中で取り組む時間を奪っていませんか」という問いの意味も含んでいます。

端的に言えば，教師の「話す」活動を減らせばよいのです。教師が説明したり，話したりする時間を合計で5分間（たとえば導入段階で1分，展開段階で2分，終末段階で2分，これで計5分）削り，その1分，2分を生徒たちの「話す」「書く」「読む」に充てればすむことです。

吉川（2015）では「『五分を返す』から授業を構想する」と題して，次のようにも述べています[5]。

> 一時間の中のどこで，どのような形で，計五分間を子どもたちに返すか。この「子どもたちに返す時間」を授業の中に明確に位置づけ，節目（柱）の活動として捉えることで，学習者中心の，ねらいから外れない授業を構想することができます。

アクティブ・ラーニングについても，同じことが言えます。アクティブ・ラーニングの「量的充実」というのも変ですが，先に溝上が指摘した「書く・話す・発表するなどの活動への関与」の観点でアクティブ・ラーニングを捉えた場合には，これらの言語活動に取り組む学習活動，時間を量的に増やすということになります。

しかし，どんな「話す」「書く」「読む」の言語活動でもよい，というわけではありません。先の吉川（2015）では，「とりわけ展開段階の『返す時間』は，当該教材の中核部分であるはずです。この教材の何についてこそ子どもたち自身にしっかりと取り組ませ，作業させるのか」と注意を促しています[6]。これは「言語活動の充実」，アクティブ・ラーニングの「量的充実」に対する「質的充実」の問題でもあります。

(2) 「質的充実」について

中央教育審議会教育課程企画特別部会（2015）でも，「『アクティブ・ラーニング』は，形式的に対話型を取り入れた授業や特定の指導の方を目指した技術の改善にとどまるものではなく，子供たちの質の高い深い学びを引き出すことを意図するもの」と述べています[7]。「質の高い深い学び」をどのようにとらえてアクティブ・ラーニングで実現させていけばよいでしょうか。

松下（2015）は，アクティブ・ラーニングの特徴として6つ挙げる中に，「学生は活動（例：読む，議論する，書く）に関与していること」に加え「学生は高次の思考（分析，総合，評価）に関わっていること」を置いています[8]。単に言語活動を行うだけではアクティブ・ラーニングにはならず，思考を伴う活動にならねばならないと指摘しています。松下は，そうした観点から「ディープ・アクティブラーニング」と呼んでいます。

松下は，「ディープ」の内実を「深い学習」「深い理解」「深い関与」という観点で説明して

います。このうち「深い学習」については，学習への深いアプローチが重要であるとしています。エントウィルス（2009）を訳する形で紹介している「深いアプローチ」は，「意味を追求すること」であり「概念を自分で理解すること」によって，以下のような学習活動を行うことであると示しています。

・概念を既有の知識や経験に関連づける
・共通するパターンや根底にある原理を探す
・証拠をチェックし，結論と関係づける
・論理と議論を，周到かつ批判的に吟味する
・必要なら，暗記学習を用いる

　ここに見られるのは「関連・関係づける」思考であり，「批判的に吟味する」思考です。「共通するパターン」や「原理を探す」ためには，比較・類別する思考も要求されます。こうした思考を用いて学習対象を掘り下げ，広げていく活動にならないと「学習への深いアプローチ」はかなわず，「深い学習」も実現できないことになります。

　以上，アクティブ・ラーニングの「量的充実」と「質的充実」についての考え方を述べてきました。松下は次のように主張しています[9]。

> 「ディープ」という言葉を冠することには，〈外的活動における能動性〉を重視するあまり，〈内的活動における能動性〉がなおざりになりがちなアクティブラーニング型授業に対する批判が込められている。

　「活動あって学びなし」とならないように，という指摘です。その教材の本質的なおもしろさ，豊かさに触れられるような言語活動（＝学習活動）の開発をめざし，その構成，順序性を工夫して，設定された言語活動に生徒たちが夢中になって取り組む授業を目指したいものです。

　そうは言っても，取りかかりとしては，まずは「量的充実」から，と思います。「質的充実」は当座は厳しくは問わず，量的に「書く・話す・発表するなどの活動への関与」を増やすことに努めます。授業の様相が少しずつ変化することと相まって，「質的充実」の側面の意識が高まればよし，として進めていくのが現実的かもしれません。

❹アクティブ・ラーニングで人間関係を育む

　アクティブ・ラーニングは，講義型，一斉型以外の多様な学習形態，学習活動を呼び込みます。そこでは，生徒同士が相互にかかわり合いながら，学習を進め，新たな知を発見し，創り出す行為が欠かせません。

　たとえば解決すべき課題についてグループで話し合う（議論する）ことになったとしましょう。うまく発言できる生徒もいれば，なかなか言いたいことが伝えられない生徒もいます。日頃からわかっている（と思い込んでいる）互いの学力のありようが，発言の仕方，量に大なり

小なりの影響を及ぼすことも考えられます。1人で時間を独占してしゃべってしまう生徒や，仲間の発言中に勝手に割り込み，遮ることを当たり前のように行う生徒も，時折います。

こうした事態を解消し，よき話合い，生産的な話合いになるように導かないと，「質的充実」の伴った「ディープな」アクティブ・ラーニングにはなりません。言い方を変えると，アクティブ・ラーニングを適切に充実して行うことは，生徒同士の人間関係を高めることにもなる，ということです。

このことを考える際に，安永（2015）の主張は，グループ学習を中核に据えた授業の質を高める方法を協同学習の観点から検討していて有益です[10]。安永は，ジョンソンら（2010）を引いて，5つの基本要素が満たされているグループ学習を協同学習と呼ぶと主張します。その5つとは，「肯定的相互依存」「積極的相互交流」「個人の2つの責任」「社会的スキルの促進」「活動のふり返り」です。ここでは，人間関係を高めることに特に関係のあるものとして「肯定的相互依存」と「個人の2つの責任」に注目します。

「肯定的相互依存」というのは，「グループの学習目標を達成するために，基本的な信頼関係に基づき，各自のもつ力を最大限に出し合い，仲間同士が互いに依存し合うこと」です。（能力の高い）1人の生徒が取り仕切り，その生徒の意見だけが取り上げられ，まとめられるようなグループ学習では，好ましい相互依存の関係は成立しません。一方，解決すべき課題に対してメンバーそれぞれが異なる部分，小課題を担当している，というのであれば，相互依存度は高くなります。1つの考え，答えにまとめ上げるタイプのグループ学習ばかりにならないよう，各自の考えを深め広げるための，多様な意見を交流することを意図したグループ学習を積極的に位置づけることも大切になってきます。

もう1つの「個人の2つの責任」というのは，学生1人ひとりには2つの責任があるとするものです。1つは「自分の学びに対する責任」。もう1つは「仲間の学びに対する責任」です。「仲間が理解できていなければ自分の支援が足りなかったと反省し，積極的に支援することが求められる」としています。

自他ともによき学びに至ることが大事であること，自分にとって意味ある学びは仲間にとっても意味があるのだということ，メンバーの理解が深まることはそのまま自分の理解の深まりでもあること。これらが実感できるような課題の設定，振り返り（メタ認知）の場の設定等を工夫したいものです。協力し，全員がよい学びができている（できた）ことを，その都度評価する教師のかかわり方も重要になります。安永は次のようにも述べています[11]。

> 協同学習の基本要素が満たされたグループ学習をくり返し経験することで，基本的な信頼感が醸成され，疑問に感じたことや，理解できないことを素直に出し合える支持的風土が形成される。そのなかで，仲間と心と力を合わせて学習目標を達成することの素晴らしさを実感し，協同の意味と価値の認識が深まり，協同の精神が鍛えられていく。

生徒相互の人間関係を育むことをも意図して，アクティブ・ラーニングとしてのグループ学

習，協同学習を授業に位置づけるのか。とにかく活動的な授業になるからということで導入するのか。指導者としての意識の違いは，学びの質，学級経営，教科経営のあり方に直結します。

「生徒指導上の問題があるので，グループ学習なんて導入するのは無理です」という声を聞くこともあります。大変な状況があることはわかります。しかし，それではいつまでたっても，生徒たちはグループで意見を交流し合う，異なる考えをまとめていくといった経験をすることができない，ということになってしまいます。

はじめはうまくいかないことが多くても，少しずつでもアクティブ・ラーニング的な学習活動を位置づけることで，改善される学級経営，生徒指導上の問題もあるように思います。取り組んでみる価値はゼロ，でしょうか。

2 中学校国語科におけるアクティブ・ラーニングの位置づけ

❶思考力の具体を意識して

アクティブ・ラーニングでは，言語活動の「量的充実」とともに「質的充実」が欠かせないことを述べました。実際に国語科授業においてアクティブ・ラーニングを展開しようとする際には，「質的充実」を保障するために，思考力を意識した言語活動（＝学習活動）を開発，設定するようにします。

思考力を広くとらえた場合，想像的思考力も育てるべき重要な力であることには違いありません。が，「話すこと・聞くこと」「書くこと」「読むこと」のどの領域，どの学習場面をとっても常に必要とされるのは論理的思考力です。そこで，優先的に育てるべき思考力として論理的思考力を位置づけて，アクティブ・ラーニングの授業開発を試みるようにします。

国語科授業における思考力・認識力の要素，構造，系統については，井上尚美，西郷竹彦，櫻本明美，難波博孝らが提案してきました。ここではそれらを踏まえ，以下の4つでとらえておくことにします。

　A．「比較」「類別」　　B．「順序」　　C．「原因・理由」　　D．「推理・推論」

他にも習得させたい思考法はありますが，多すぎたり複雑すぎたりするとどうしても扱いにくくなります。小・中学校段階では，これら四つに単純化して学習者に意識させるようにします。指導者にとっても指導内容を絞り込むことができるので好都合です。

読むことの場合，発達段階に即して教材文の難易度が上がる中で，繰り返しこれらの思考法を使わせ，定着させていくのが実際的です。「話すこと・聞くこと」や「書くこと」の領域でも，これらの思考法を使うとうまく言語活動を行えるような場，使わざるを得ないような状況を設定し，それらを個人，ペア，グループ，学級全体で進めていく中で，課題が解決され学習が深まっていくよう授業を設計します。

　学習・指導の系統としては，Aの「比較」「類別」をベースにして，Dの「推理・推論」へと発展していく道筋を想定します。が，それは一応の目安であって，現実にはこれらの思考は混在し，相互に関係し合いながら使われます。重点的に使わせ学ばせたい系統ととらえて，実践に反映させるようにします。

❷思考を促す学習課題，発問の開発

　アクティブ・ラーニングは，自ら進んでよく考え，よく表現することができる生徒を育てるための学習法です。国語科は，当然のことながら，ことばを対象にして，ことばによって，そうした学習を行うことになります。そのためには，生徒たちが解決すべく立ち向かう学習課題のありようが重要です。また，授業を深め広げていく鍵となる発問のありようも大切です。思考を促す機能をもった学習課題や発問を開発し，授業に位置づけるようにします。

　学習課題については，答えが１つであったり，解釈が限られていたりするものは，とりわけ考え，表現の多様性が求められる（はずの）国語科学習においては，アクティブ・ラーニングには向きません。

　さらには，自分の考え，読みの根拠を，ことばに求めなくても済むような学習課題も不向きです。これは，発問にしても同じです。教材本文にあることば，仲間の口から発せられたことばに基づいて，それらを根拠に思考，認識が活性化する課題でなければ，深いことばの学びは生まれません。

(1)選択式課題（発問）

　こうした点について，佐藤（2013）は，解釈を選択式で提示すること，選択式発問に対する〈根拠〉と〈理由〉をできるだけたくさん挙げることを提案しています。この〈解釈〉〈根拠〉〈理由〉のセットを多くの子供に発言・共有させた上で，最も蓋然性の高い解釈を考えさせ，最後は自分の発見した〈作品の価値〉や，自分の感じた〈作品の魅力〉をまとめさせています[12]。「空中ブランコ乗りのキキ」（別役実，１年）では，次のような課題（発問）が示されています。

　　発問①　おばあさんは，キキにとって，良い人であったと言えますか。悪い人であったと言えますか。
　　発問②　キキは幸福であったと言えますか。言えませんか。

従来型の場面ごとの読み取りを行った後にこれらの課題（発問）を投げかけ，読みを深めることもできれば，はじめからこれらの課題を巡って読みを交流させていく授業スタイルをとることもできるでしょう。いずれにしても，これらの課題に対して個人で自己の読みをつくる活動，それらをペアやグループで協同し全体の場で深め広げていく活動，個人で学習を振り返り自己の読みをまとめる活動は必要です。また，本文の表現を根拠にして解釈を表出し，その理由をセットにして述べることは不可欠の前提条件となります。これらが保障されていれば，選択型で読みの観点が示されているため，考察，議論はしやすいと言えます。

　ただし，こうした二項対立的な問いには，佐藤自身も指摘しているように「歪めた固定的解釈に収束させる危険性がある」ことも事実でしょう。それを回避するために，佐藤は「授業のゴールは，相反する二つの解釈に，甲乙，白黒の軍配の決着を付けることではない」「選択式の発問は，〈読みの力〉を付け，〈作品の魅力や価値〉に気付くための，手段として用いる」のであると述べています。こうした選択式の課題（発問）を足がかりに，作品の主題や筆者の主張にかかわる事柄についての生徒の個性的で多様な読み（解釈）が産出，交流，展開されるのであれば，アクティブ・ラーニング的な学習としての意義はあります。

　佐藤は，二項対立的な問いの他にも「主人公の考えや心情が最も変化したのは，次のどの場面だと考えますか」（「故郷」魯迅　3年）を用意し，「①『だんな様！……』と閏土に言われたところ」「②古い家はますます遠くなり，故郷の山や水もますます遠くなるところ」他，四つの場面を提示して選択させるタイプの問いも提案しています[13]。選択肢を与えずに生徒たちからまずは出させ，それらを基に選択肢を設けて協同学習，全体交流学習へと展開することもできるでしょう。いずれにしても，解釈，考えに揺れが生じ，多角的に考え合える学習課題，発問であることが重要です。

　また，こうしたタイプの学習課題が適した作品，教材もあれば，そうでないものもあるでしょう。テクストの特性を見極めて導入を考えていくことが肝心です。

(2) 評価・批判に関する課題（発問）

　多様で個性的な思考，読みが産出される課題（発問）を設定する観点として，上述した「選択」型とは別に，より質的な面からのとらえ方として「評価・批判」型が考えられます。

　井上（1983）は，読みの授業における発問を「知識に関する発問」「解釈に関する発問」「評価・批判に関する発問」の3つに分類しています[14]。この井上の分類は，PISA調査における読解力の定義（情報へのアクセス・取り出し，解釈・統合，熟考・評価）に重なります。これらのうち3つ目の「評価・批判に関する発問」は「一定の基準にもとづいて妥当性・真偽を判断すること。鑑賞も含む」としています。具体的な観点として，以下の4つの観点を示しています。

　　a　ある問題――内容，作者（意図，主題，構想，表現），人物などについて――に対しての自分の感想や意見を自分自身のことばで述べることを求める発問

b　ある考えや作品の価値判断を求める発問
　　　c　ある問題に関するいろいろな解釈の仕方を判断するように求める発問
　　　d　内容を批判することを求める発問

　井上は，a～dそれぞれに発問例を添えています。bには「Bの方がAよりも優れていると考えますか。それはなぜですか」と「これらのうちでどれが一番良い（好き）ですか」を挙げています。これらは上述した佐藤の言う選択式発問と同じです。選択肢を提示して，その理由，根拠を合わせて説明させる中で，当該作品の価値に迫らせることができます。

　cには「この文章は私たちにどういうことを教えてくれますか」が，dには「この内容について，もっとつけ加えるべき新しい情報はありませんか」などが見られます。いずれも作品や文章を全体的に大きくとらえたり，複数の段落や場面を関係づけたりすることを求めるものです。さらにテクストのあり方についての自己の考え，意見を表明することも要求しています。これらの問い，課題を解決するためには，思考をはたらかせて協同で話し合ったり書きまとめたりすることが必要となります。

❸思考を深める多様な学習活動の開発

　学習課題や発問のあり方と合わせて，「発問―応答型」以外の学習活動の開発にも工夫を凝らし，生徒たちの能動的な学びを促したいものです。

　たとえば井上（2012）は，説明的文章「クジラたちの声」（光村１年）の授業（全６時間）で「構造図を書き，それをもとに筆者の表現の特徴を捉え評価する」学習活動を展開しました[15]。第２次（３時間）では「構成を考えて構造図を書き互いのよさに学ぶ」という学習課題を設定しています。生徒たちは，まず各段落を要約して付箋紙に書き，それを「導入―本文―まとめ」に分けて貼ります。それを参考にして，囲み枠や矢印，絵を用いて，文章全体が一目でわかる俯瞰図のような１枚の構造図にまとめていきました。でき上がった構造図は生徒たち相互でよい点とアドバイスという形で，付箋紙に書きます。

　付箋に書き出す，連続型テキスト（本文）を非連続型テキスト（図）に変換する，などの具体的な作業を通して，生徒たちは文章を読み込んでいきます。作成（外化）した構造図を相互評価する協同学習も位置づけられています。そして，第２次のこうした学習を受けて，第３次（２時間）では「表現の特徴を捉え評価する」学習が行われています。

　ある生徒の「学習を終えた感想」には，「文章を構造図にする時，同じ所を何度も読み返して，読む人に内容を伝わりやすくするために努力しました。文章だけの時よりもシンプルだけど伝わりやすい図にしようと，キーワードを探したり，いらないところを省略したりしました」のように記されています。より適切な構造図を作るという活動を通して，本文に積極的にはたらきかけるようになり，読みの内容が深まったことを自覚しています。

学ぶべき内容を生徒自身が探究していくことのできる学習活動を，教材の特性に応じて開発すること。これは学習課題・発問のあり方と連動して，アクティブ・ラーニングを進めていく上で意識しておきたい要件です。

3 本書におけるアクティブ・ラーニングのとらえ

　ここまで述べてきたことを踏まえ，中学校国語科におけるアクティブ・ラーニングを進めていく上での授業方式や学習活動の，ひとまずの枠組みを以下のように整理してみます。中教審の「論点整理」で示された内容，観点を参考にしながら，国語科の特性を意識しました。

	授業方式	大きな言語活動				小さな言語活動		
	課題解決学習	調査・研究	ディベート・討論	発表・報告・プレゼンテーション	朗読・群読	ペア・グループでの話合い	多様な書くこと	音読
問題発見・解決を念頭に置いた深い学び								
対話的な学び								
見通し・振り返りによる主体的な学び								

　中教審答申の「用語集」では，学習活動が種類分けされることなく示されていましたが，ここでは「授業方式」「大きな言語活動」「小さな言語活動」という観点で分類しました。
　「授業方式」は文字通り授業の仕方です。ここには「課題解決学習」のみを置きました。いろいろなとらえ方があるかと思いますが，「国語教材（学習材）から学習者が疑問や問題を基に課題を設定し，計画的に主体的に学習を展開していく学習指導の方法や形態」という定義[16]に従うことにします。いわゆる国語科単元学習のような実践，教科や国語科の3領域を関連させるような総合的な実践も該当するものとします。
　言語活動に大きい，小さいというのも耳慣れないでしょうが，「大きな言語活動」というのは，当該言語活動そのものを充実させることに向かって（目標として），ことばの学習を展開するタイプのものを指します。対する「小さな言語活動」というのは，学習活動を活性化させるための手立てとして位置づけられるタイプのものです。
　たとえば，平成28年度版三省堂教科書（1年）には「気持ちを相手に伝えるなら何がいいか

(電話,手紙,メール)」というテーマで討論ゲームをする学習が示されています。この場合,討論で説得力ある説明,応答ができるように様々な準備としての言語活動を進めます。良い討論をすることが目標となって,そのための準備として読み,書き,話し合うという言語活動が行われるはずです。この「討論」は「大きな言語活動」となります。

　一方,「走れメロス」で,メロスの行程を図に書き表して読み取ることがあります。メロスに同化して心内語を書き,心情理解を図ることもあります。これらの読みを深めるための手立てとしての「多様な書くこと」は「小さな言語活動」に相当します。書いた内容について仲間と意見交流する「ペア・グループでの話合い」も,同様に読み深め,読み広げのための手段,手立てですので「小さな言語活動」です。

　これら横軸の観点,項目それぞれについて,「論点整理」で示された「問題発見・解決を念頭に置いた深い学び」「対話的な学び」「見通し・振り返りによる主体的な学び」のどれに該当するのかマトリックスとして確認し,特徴を自覚してアクティブ・ラーニングとしての実践を行う(計画する)ようにします。

〈注〉
1　中央教育審議会 (2012)「新たな未来を築くための大学教育の質的転換に向けて～生涯学び続け,主体的に考える力を育成する大学へ～(答申)」における「用語集」,p.37
2　溝上慎一 (2014)『アクティブラーニングと教授学習パラダイムの転換』東信堂,p.7
3　吉川芳則 (2015)『教室を知的に,楽しく!　授業づくり,学級づくりの勘どころ』三省堂,pp.128-159
4　同上書,pp.68-71
5　同上書,pp.70-71
6　同上書,p.71
7　中央教育審議会教育課程企画特別部会 (2015)「教育課程企画特別部会　論点整理」,p.23
8　松下佳代「ディープ・アクティブラーニングへの誘い」松下佳代・京都大学高等教育研究開発推進センター (2015)『ディープ・アクティブラーニング』勁草書房,pp.1-3
9　同上書,p.19
10　安永悟 (2015)「協同による活動性の高い授業づくり―深い変化成長を実感できる授業をめざして―」松下佳代・京都大学高等教育研究開発推進センター『ディープ・アクティブラーニング』勁草書房,pp.113-139
11　同上書,pp.117-118
12　佐藤佐敏 (2013)『思考力を高める授業　作品を解釈するメカニズム』三省堂,pp.6-7
13　同上書,pp.126-133
14　井上尚美 (1983)『国語の授業方法論』一光社,p.70
15　井上真由美 (2012)「「クジラたちの声」で,図式化して読もう」吉川芳則編著『クリティカルな読解力が身につく!説明文の論理活用ワーク　中学校編』明治図書,pp.28-33
16　梅木節男 (2001)「課題解決学習」日本国語教育学会編『国語教育辞典』朝倉書店,2004年第3刷,p.55

(吉川　芳則)

第2章 アクティブ・ラーニングを位置づけた中学校国語科の授業プラン

| 1年 | 話すこと・聞くこと | 「スピーチ名人になろう」「おすすめの本を紹介しよう」 |

録音・録画再生機器を活用しよう

	授業方式	大きな言語活動				小さな言語活動		
	課題解決学習	調査・研究	ディベート・討論	発表・報告・プレゼンテーション	朗読・群読	ペア・グループでの話合い	多様な書くこと	音読
問題発見・解決を念頭に置いた深い学び	○			○				
対話的な学び	○			○		○	○	○
見通し・振り返りによる主体的な学び	○			○		○	○	

1 授業のねらい

- 話の構成を工夫しスピーチを組み立て、聞き手を意識しながら話す態度を身につける。
- 撮影された動画を見て、自分の話し方や聞く姿勢を振り返る。

2 単元の概要と授業づくりのポイント

　メールやLINEの普及により文字による対話は増えています。一方、音声言語を必要とする場面では、その場にふさわしい話し方や言葉選びができず、単語で会話をすませてしまう生徒が多いことも否めません。「話すこと・聞くこと」の指導の必要性は大きいと感じます。

　教科書では、活動例として、スピーチやパネルディスカッション、プレゼンテーションなどが採り上げられています。ただ活動手順や方法、実際の活動内容が文字による掲載となっており、生徒は音声言語をリアルに体現することができず、「書くこと」や「読むこと」に比べ、イメージしにくくなっています。そこで、生徒のスピーチや発表に録音・録画機器を活用することで、その映像そのものが教材となり、消えていくはずの「話す」「聞く」活動を忠実に再現し、実践→評価→改善というサイクルの中で、「話す・聞く」力を向上させようとしました。

単元指導計画（全7時間）……第1次と第2次は、実際は学期を分けて実施。
第1次 「スピーチ名人になろう」（2時間）
第2次 「おすすめの本を紹介しよう」（5時間）　＊本時

3 学習指導案（第2次第4時）

本時の目標：スピーチ映像を互いに見合い，意見交流を行うことで，自分の話し方を振り返り，課題に気づくことができる。

時間	生徒の学習活動	教師の指導・支援
3分	1 学習課題を確認する。	
	課題　スピーチの映像を見て，自己評価・相互評価をし，自分の話し方を振り返ろう。	
15分	2 グループごとに，前時に撮影したスピーチの映像を見る。 3 映像を見ながら，自己評価・相互評価を行う。 評価シートに記入する。	・見るときの観点を伝える。 　内容の明確さ（わかりやすさ） 　様子（服装・姿勢・動作・視線・表情） 　音声（声量・強弱・速さ・間・明確さ） ・自分がスピーチを行う際，目標にしたことを班員に伝えてから，それぞれの映像を見るように指示する。 ・内容，様子，音声のそれぞれの項目ごとに，三段階（よくできている／まあまあ／もう少し）で評価するように指示する。
25分	4 各自のスピーチについて，改善点を中心に意見を交流する。	・途中で止めたり，必要な場面だけを取り上げ繰り返し映像を見ることで，それぞれのスピーチの改善点を中心にグループで意見を述べ合うように伝える。 ・意見交流が活発に行われていない班には，具体的な視点（速さや視線はどうか，など）を与え，意見を述べるよう指示する。
7分	5 学びを振り返る。 自分のスピーチの改善点を記入しグループの推薦者を決定する。	・グループの推薦者については，次時で全体に発表してもらうので，改善点を踏まえ，再度練習してくるように伝える。

4 授業展開例

❶第1次 「スピーチ名人になろう」

まず，話題を1つに絞り，理由や具体例をそえて，以下の例のようなスピーチ原稿（200字）を書かせました。

〈原稿例〉

> 　私のおすすめの本は『告白』です。
> 　この本は，ある事件をきっかけに，1人の先生によって2人の生徒の日常の歯車がくるわされていく，そんな話です。少し，過激でグロテスクな表現もありますが，人を愛する心，そして自分では抑えきることのできない憎しみの心，そんな人間らしい感情がよく伝わってきて，なかなか読みごたえのある本と言えます。
> 　登場人物の気持ちに寄りそって読みたいというあなたに，おすすめの1冊です。

> 　小学校6年生のとき，将来の夢について考えることがありました。
> 　私は，昔から小さい子供と触れ合うことが大好きです。ある日，買い物に行ったとき，小さい子が私に話しかけてきてくれました。そして，その子と一緒に遊んでいるうちに，いつの間にか仲良くなっていた経験があります。小さな子供は，うまく自分の思いを伝えられないところもあるので，一緒に触れ合うことで，その子のよさを知ることができると思い，将来は保育士さんになって，人の役に立ちたいと思っています。

原稿をスピーチするに当たっては，「よいスピーチ例」と「悪いスピーチ例」の映像を見比べさせました。そうしてスピーチする際の留意点（速さ，声量，強調，明確さ，視線，表情，姿勢など）について確認させた上で，練習させました。

スピーチはグループごとに行い，生徒相互でiPadを使って撮影し，映像を見て自己評価・相互評価を行う学習活動を位置づけました。

〈スピーチの自己評価（一部抜粋）例〉

・スピーチを見てみると，あまり声も出ていなかったし，前を見ることもできていなかった。
・もう少し，聞き手の顔を見て話すことができればよかった。でも，速さはちょうどよかったと思う。スピーチは緊張した。今度する機会があれば，課題点を改善したい。
・練習では，自分のことを見ている人がいないので，緊張しなかったけれど，本番になると，自分の前に人がいて，緊張で思わず笑ってしまった。視線はそれなりによかったと思う。
・いざ，みんなの前でスピーチをすると，少し緊張した。他の子のスピーチでは，原稿を見ないで言っている子もいて，「すごいな」と思った。声をしっかり出せている子もいた。
・みんなと比べると，間をとれていなかった。もう少し間をとりながら話すことが大切だと思

った。○○君は，声の強弱がはっきりしていて，工夫されていた。それに，みんなの顔も見ていて，すごいなと思った。

❷第2次 「おすすめの本を紹介しよう」

この学習では，本の一節を引用することを条件とし，おすすめの本の紹介文（600～800字）を書くこととしました。グループ（4人）で原稿を交流し，班員のアドバイスも取り入れ，文章を推敲しました。以下は，その例です。

〈原稿例〉

> みなさんは，偏差値30のギャルが慶応大学に1年で合格するという話を信じますか？
> この本『学年ビリのギャルが一年で偏差値を40上げて慶応大学に現役合格した話』のあらすじを簡単に言うと，本の主人公さやかちゃん，つまりビリギャル（成績がビリのギャル）が，坪田先生という塾の先生に出会ったことによって，さまざまな困難を乗り越え，入試まであと半年という段階で，合否判定が「E」だった慶応大学に，見事合格したというサクセスストーリーです。（以下省略）

> みなさんは「幻想」という言葉の意味を知っていますか。
> 幻想とは，漢字の通り，「まぼろし」。実際にはありえないことを心に思い描くことです。この表紙の絵を見てください。ファンタジー感や不思議なイメージがわいてきませんか。私には，現実にはありえない，美しい風景に見えます。
> 主人公「友哉」は，謎の美少女「猩子」に出会い，ある事件を機に，猩子の営む日記堂で働くことになります。（以下省略）

グループごとに本の紹介を行い，スピーチのときと同様に，その様子を生徒相互でiPadを使って撮影しました。このiPadの映像を見て，生徒たちは自己評価・相互評価を行い，自分の話し方や聞く姿勢を振り返ることができました。

こうした練習を経て，各グループの代表者の発表を聞き，全体で交流しました。

〈スピーチの自己評価（一部抜粋）例〉

・はきはきと話せていたけれど，視線が下を向いていた。もっと大きな声で話したらよかった。3分間という長めのスピーチに初めて挑戦したけれど，やっぱり難しかった。
・原稿をいっぱい見ながら話していた。自分では意識をしていたつもりだったが，実際に映像で確認すると，チラッとしか前を向けていなかった。はきはきと大きな声では言えていた。前回よりは前を見て発表できるようにはなったけれど，まだまだ不十分なので，次の課題にしたい。
・前回は30秒（200字）のスピーチだったので，ゆっくりと言えたけれど，3分（600～800字）

になると早口になってしまった。緊張するのは，前よりもましだったけれど，もっと堂々と言えるようにしたい。内容面では，前回よりも理由をしっかりと述べることができた。
・1学期は，恥ずかしくて笑ってばかりだったけれど，今回は，あまり笑わずに話すことができた。
・体がよく揺れている。1学期のスピーチと比べ，声の大きさや速さなどでは，自分では改善されていたように思う。

　1学期のスピーチ（「スピーチ名人になろう」）が土台となり，スピーチする際の留意点（速さ，声量，強弱，明確さ，視線，表情，姿勢など）については，触れずとも意識できる生徒が多くいました。また，スピーチ原稿に，強調したいところや，間をあけて読むところを書き込むなど，自分なりに工夫してスピーチに取り組もうとする姿勢も見えたように思います。

　しかし，「聞く（聞く姿勢）」に関しては，授業で改めて触れていなかったことや，各グループでの発表ということも作用してか，撮影した映像のいくつかを見ながら，聞く姿勢に関して振り返りを行った際，以下のように，たくさんの課題点が出てきました。

〈課題点〉
・視線が発表者のほうに向いていない。
　→他の班の発表が気になり，きょろきょろしている。
　→下を向いている。
・姿勢が悪い。（肘をつく，体をそらす　など）
・不必要な場面で笑っている。
・真剣に聞いていない。
　→他の班の子にちょっかいをかけている。
　→本を触ったり，手遊びをしている。

　こうした課題は，日ごろの授業においても，本人が無意識に行っている（悪い癖が習慣化している）ことも多く，今回，映像に収められた自分の姿を再確認することで，自分のことを客観視するよい機会になったとともに，指導者も，日頃から注意・喚起を促すべき課題として，継続的に取り組む必要があると感じました。

5　評価について

　今回スピーチを行うにあたり，録音・録画再生機器（今回はiPad）を活用したことで，生徒はもちろん教師にも多くの利点があると感じました。以下のようなことが挙げられます。
・スピーチ発表が同時にでき，時間の短縮や，生徒の聴く意欲の低下を防ぐことにつながる。
　（従来は，1人ずつの発表で，聞いているうちにだんだんと集中が切れていた。）
・生徒は，撮影した動画を何度も見直すことができ，姿勢や話す速さなど，客観的な自己評価ができる。また，グループごとの相互評価の客観性も上がる。

（従来は，自分の姿は自分ではわからず，前を向くなど，できたつもりになっていることが多かった。相互評価も，最初と最後でずれがあった。）
・他クラスの生徒のスピーチ発表を提示することができ，空間を越えた交流ができる。
　（従来は，同じクラスの生徒のスピーチ発表しか聞くことができなかった。）
・個人を指定し，その発表を何度も聞き直すことができ，教師の評価の客観性も上がり，クラス間やクラス内での差が少なくなる。
　（従来はたった一度の発表で評価しなければならず，聞く時間や日によってブレがあった。）
・３年間の自分の記録を撮りため，変化をみることが可能。
　（今までの発表は一過性のもので，過去の自分と客観的に比べることができなかった。）

　録音・録画再生機器を使用して，一番よかったと感じたことは，評価の客観性が上がったところにあります。これは，生徒の自己評価，相互評価はもちろん，教師が評価する際にも言えることです。本来あってはならないことですが，話し言葉が，消えていく言語であるという特質から，１人目と最後の発表者で，または１組と２組でというように，クラス内でもクラス間でも，聞く時間や順番により，評価に差がなかったとは言えません。しかし，スピーチを映像として保存することで，何度も聞き直すことが可能となり，すなわち，消えない言語に変化したことによって，評価する際の基準がずれにくくなったように思います。

　また，評価を含めた全ての活動において，時間短縮がはかれたことも大きな利点です。例えば今までなら，「１分間スピーチ」を実施するにしても，その発表に約１時間を要していました。人の入れ替わりや評価シートの記入などを含めると，１時間では厳しかったかもしれません。それが，iPadを利用することで，何人もの発表を同時に行うことができるようになり，その結果，発表にかける時間を減らし，他の活動に充てることが可能となるように思います。

　「話すこと・聞くこと」の学習において，その基盤となっているのは，互いの発言を温かく受け入れることのできるクラスの雰囲気です。多感な中学生にとって，「話しても大丈夫」という環境がない限り，生徒は安心して話せず，そういった意味でも，聞き手の姿勢（「聞くこと」の指導）は重要であるように感じます。そして，いかに「話す」「聞く」必然性のある場を継続的，日常的に設定していくのか，それが「話す・聞く」力の育成に大きくかかわっているように思います。「話したい」「聞きたい」という土壌の生まれたクラスで，録音・録画再生機器を活用し，「消えていくはずの言葉」を録画・再生することで，生徒は自分自身の話し方を，客観的にとらえることができ，実践→評価→改善というサイクルの中で，「話す・聞く」力を向上させていくことができるのではないでしょうか。

（西　香保里）

| 1年 | 書くこと | | | | 「鑑賞文を書こう」 | | | |

感じたことを文章にしよう

授業方式	大きな言語活動				小さな言語活動		
課題解決学習	調査・研究	ディベート・討論	発表・報告・プレゼンテーション	朗読・群読	ペア・グループでの話合い	多様な書くこと	音読
問題発見・解決を念頭に置いた深い学び							
対話的な学び ●			●		●		
見通し・振り返りによる主体的な学び ●						●	

1 単元のねらい

> 語彙を広げ、感じたことを根拠にして、鑑賞文を書けるようにする。

2 単元の概要と授業づくりのポイント

　書くことの多くは、意見文や感想文、授業の振り返りなど、説明文や物語などの単元で多く扱われてきました。本単元のねらいは、観点を決めて美術作品を鑑賞し、感じたことを根拠にして、鑑賞文を書くことです。1つの作品について、仲間とともにイメージや感じ方を広げたり、多様な語彙に触れたりする活動と、学習者自身が作品と対話し、自ら感じたことを言葉として紡ぎ出す活動を組み合わせることで、思考を伴う主体的な学習になるように工夫しました。

単元指導計画（全4時間）
第1次　観点を決めて作品を鑑賞し、鑑賞文を書く（2時間）。＊本時
第2次　作品を題材にして、鑑賞文を完成し、発表する（2時間）。

3 学習指導案（第1次第2時）

本時の目標：観点を決めて作品を鑑賞し，自分の感じ方を根拠にして文章を組み立てる。

時間	生徒の学習活動	教師の指導・支援
1分	1 課題を確認する。	・教科書の美術作品を1つ提示し，感じたことを言葉で表し，それを組み立てて鑑賞文を書かせる。 ・全員が同じ課題に取り組むこととする。
	課題1　作品を選び，観点を参考にして，感じ取ったことや読み取ったことを書こう。	
12分	2 作品を1つ提示し，観点ごとに感じ取れたことや読み取れたことを書く。	・マッピングの手法を説明し，例などを見せ，作品から感じる言葉を観点ごとに書き出させる。
10分	3 小グループで話し合い，考えを広げる。	・小グループでマッピングを交流してイメージを広げ，多様な語彙に触れさせる。 ・メモをしたり，言葉を書き足したりするよう促す。
15分	4 作品を1つ選び，観点を決めて鑑賞文を書く。	・教科書に提示してある観点の中から2つ程度を選び，200字〜300字で鑑賞文を書かせる。 ・マッピングに書き出した言葉を組み合わせて，文章を書くよう確認する。
	課題2　観点を絞って，300字程度の鑑賞文を書こう。	
7分	5 発表をする。	・作品を読み合い，感想を交流させる。
5分	6 振り返りをする。	・ワークシートに自分にどんな力が身についたのか記述させ，振り返りとする。

4 授業展開例

　本時では，大きく分けて2つの学習活動を組み入れています。自らの言葉を紡ぎ出す活動とそれらを組み立てて文章にする活動です。

　授業の前半では，イメージを広げ，多様な語彙に触れることをねらい，グループで交流する時間をとりました。書くのが苦手な生徒にも，楽しく主体的に学習ができるように，マッピングの手法を用いました。

　後半では，書き出したイメージを基に，観点を選び，自分なりに文章を組み立てる時間をとりました。

　この学習展開により，前半は，「比較」「類別」，後半は，「順序」など，常に思考を伴った主体的な活動が展開できます。

> **課題1**　作品を選び，観点を参考にして，感じ取ったことや読み取ったことを書こう。

　ここでは，アイデアや言葉を書き出すマッピングという手法を用いて，1つの美術作品から単語や短い文を，作品を根拠にして，観点別にどんどん出していきます。

　教科書の観点は，以下の通りです。

> **教科書の観点**
> ・印象，構成，対象や素材，色彩，音，想像したこと，作者の心情や意図

　上記の観点に付け加えて，以下のように具体的に言い換えをして，全ての学習者が言葉で表現できるようにします。

> ・五感（視覚，聴覚，味覚，嗅覚，触覚）
> ・いつ頃，何年くらい，季節，時刻，天候
> ・誰がいる，ひとり，複数，どんな気持ち
> ・どこで，国，街，海，山，森
> ・温かい，暖かい，冷たい，寒い
> ・うれしい，楽しい，悲しい，寂しい，不安

　全ての観点について書かなくても，複数の観点に絞って，具体的に記述する活動でもよいと思います。

❶マッピングの例

中心部に作品名を，その周りに観点を書きます。そこから，どんどん言葉を付け足していきます。

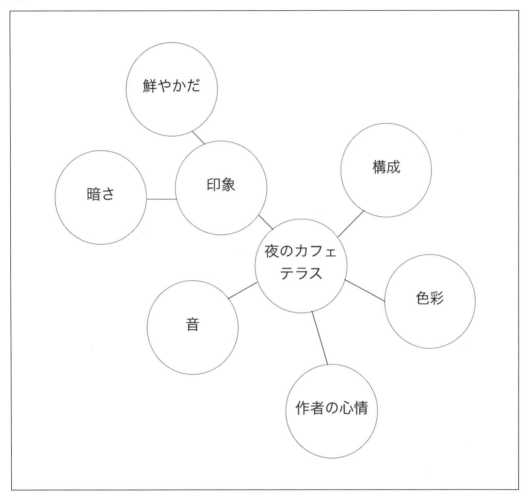

書き上げたマッピングは，小グループで見せ合って，意見交換します。その際，聞き取ったことや付け足したい言葉などをメモするようにします。また，作品を根拠にして説明するように助言します。

❷グループでの話合いの様子

【A】「夜のカフェテラス」　フィンセント・ファン・ゴッホ

生徒A　この絵の魅力は，明るさと暗さの対比にあると思います。暗い場面の中に光があり，それが希望のようにも感じられました。また，カフェテラス全体が黄色で描かれていて，より明るくなる効果があると思いました。

生徒B　とても目を引く作品です。色使いが鮮やかなので，作者の子供の頃のあこがれのお店なのかなと思いました。
生徒C　暗さが静けさを表していると思います。音が，静かな町に響いていると思いました。

【B】「大はし　あたけの夕立」　歌川広重
生徒D　大雨の中，人々が慌てている様子や急いでいる様子が伝わってきます。雨が激しい様子がとてもよく伝わってくる描き方だと思いました。
生徒E　構成としては，橋が手前にあって，山のようなものが奥にあり，船が描かれています。全体としては，わりと余白がある感じがします。
生徒F　対象としては，橋の上で走っている人たちの方向に気づきました。手前の方に走ってる人もいますが，逆の方向に急いでいる人もいます。

　話合いの際は，自分が書き出した言葉をつないで，文章として組み立てて発表するように指示すると，課題2にスムーズに入ることができます。

課題2　観点を絞って，300字程度の鑑賞文を書こう。

　ここでは，マッピングを基に，実際に文章を組み合わせることで，段落の関係を意識して，つながりのある文章をまとめることに重点を置きます。300字という字数で書いてみることで，600字程度の鑑賞文を書くという，第2次の学習につなげるねらいがあります。
　また，課題を与えただけで，ただ書かせるのではなく，構成についても考えることができるように，構成例を提示します。

❸文章の構成例
　①なぜその作品を選んだのか。
　②観点を決めて，マッピングの言葉を参考に，読み取ったことを根拠に，文章を組み立てる。
　③想像した作者の思いや，作品全体に対する自分の感想を述べる。

　読み取ったことや感じ取ったことを書く際にも，広がりすぎた推測にならないように，作品を根拠に具体的に書くことができているか，注意を促します。
　文章を組み立てる際に参考になる表現例も紹介します。

❹参考になる表現例

・最も印象に残ったことは，第一印象は，次に気づいたことは
・この絵は，魅力は，ひきつけられたところは
・まず，次に，そして最後に，また
・作者は，表現している

❺鑑賞文例

○私は，この絵を見て明るく静かなイメージを感じた。そして，大人が街に繰り出している様子が見える。みんなの楽しそうな笑い声，風で木がゆらゆらと揺れる音が聞こえてきそうだ。作品の上部を見ると，星が光っている。星の大きさが1つひとつ違っていて，優しく穏やかな印象を見る人に与えてくれている。

（「夜のカフェテラス」フィンセント・ファン・ゴッホ）

○ざあざあ，パラパラという雨が降りしきる音や，どんどん，バタバタという橋の上を急いで走っている人たちの音が聞こえるようだ。この絵（版画）は，作者の体験か想像で書いたのかもしれない。歌川広重は見る側に強い印象を与えようと雨を黒く細い線にしたり，ぼかしを使ったり，たくさんの方法を工夫していることがわかる。

（「大はし　あたけの夕立」歌川広重）

○次に，色彩を見てみる。「夕立」というテーマで対岸や木々などは暗く塗られており，川は浅いところか光が当たっているところは薄い色，深いところや光があまり当たっていないところは濃い色で表現されている。また，雨は細い線で描かれているが，細かくいくつもの線が橋を歩いている人に降りかかり，雨量が多いことがわかる。

（「大はし　あたけの夕立」歌川広重）

　観点の1つである「作者の心情や意図」については，インターネット等を活用して，作者や作品についてさらに調べ，そこで得た情報について述べる段落を入れると，鑑賞文をより良いものにする学習に広げることができます。
　さらに，美術科と連携すると，作品世界や作者についてより理解を深める学習にもなります。
　ただし，関連情報の得させ方や美術科等他教科との連携のあり方については，生徒の実態や扱える授業時間数に応じて配慮しながら取り組んでいきます。たくさんの情報を与えればよいというものでは，もちろんありません。生徒たちにとって，作品のイメージがより広がり，書きやすくなるよう，適度で適切な情報をタイミングよく提示していくようにしたいと考えます。

（谷　　健年）

1年 | **読むこと** | 文学的な文章「少年の日の思い出」

インタビューで登場人物の心情に迫ろう

	授業方式	大きな言語活動				小さな言語活動		
	課題解決学習	調査・研究	ディベート・討論	発表・報告・プレゼンテーション	朗読・群読	ペア・グループでの話合い	多様な書くこと	音読
問題発見・解決を念頭に置いた深い学び								
対話的な学び	○	○		○		○		
見通し・振り返りによる主体的な学び	○						○	

1 単元のねらい

> インタビューを通して，登場人物の心情を読み取り，小説の続きを書く。

2 単元の概要と授業づくりのポイント

　文学的文章の読解の授業では，教師が無意識に自分の解釈を生徒に押しつけてしまうことがあります。特に教科書で長年不動の地位を確立している「少年の日の思い出」のような教材において顕著です。しかし，教師の解釈は一例や問題提起としてとっておき，生徒が自ら小説の世界に浸り表現を味わう時間を十分に確保しなければいけません。

　本単元では，「エーミールのちょうを僕が盗み，壊してしまう場面（事件）」での登場人物の心情に迫るために，生徒が登場人物に事件を語らせる仮想インタビューを設定しました。登場人物の立場で語るために生徒は小説を多面的に読み，根拠を探します。また同じ質問に対する答えを他と比較することで，解釈を広げることもできます。さらに単元の終末には，このインタビューを踏まえて第1場面の「わたし」を語り手にした第3場面を創作します。

単元指導計画（全6時間）

第1次　小説の設定（時・場所・登場人物），構成，展開を捉える（1時間）。
第2次　インタビュー形式で登場人物の心情に迫る（3時間）。＊本時
第3次　インタビューを基に小説の続きを書いて読み合い，解釈を広げる（2時間）。

3 学習指導案（第２次第４時）

本時の目標：エーミールの視点で小説を読み，根拠を基に言動を説明することができる。

時間	生徒の学習活動	教師の指導・支援
1分	1 学習課題を確認する。	
	課題　15歳のエーミールとして，インタビューに答えよう。	
10分	2 エーミールに対する質問を考え，インタビューシートに書く。（２枚） （質問の例） ・なぜ「僕」にちょうがだいなしになったことを話したのか。 ・なぜ「僕」がちょうを壊したことを知っても冷静だったのか。	・「事件の真相に迫る質問」にするためにエーミールの言動で疑問に思ったところに注目して考えるよう助言する。 ・２枚のインタビューシートには同じ質問を書き，そのうち１枚をペアと交換するように指示する。
20分	3 インタビューシートを使って，自分と相手の２つの「質問」の「答え」をそれぞれ書く。	・エーミールになりきり，話し言葉で質問の答えを書くように指示する。 ・第２場面の語り手は「僕」なので，インタビューシートの中のピラミッド・チャートに書く根拠は，文章の表現からだけでなく，自分の体験からも探すように助言する。根拠が全く考えられない場合は，質問そのものを吟味するように促す。
14分	4 ペアでの対話でお互いの「質問」に対する「答え」の共通点と相違点を確認し，個の解釈を広げる。 ・１回目，２回目（７分ずつ）	・エーミールとインタビュアーの役割を交代しながら「質問－答え」の形で対話したり，「答え」を説明したりするよう指示する。 ・対話で更新された自分と相手の意見を，インタビューシートに書き込むように指示する。
5分	5 学びを振り返る。 ・「答え」の更新を確認する。 ・次時への見通しを立てる。	・受けた質問がよく似ているペア同士の「答え」や，「答え」の相違点の多いペアの話合いなどを，全体に紹介して解釈の幅を広げる。 ・インタビューを創作でどのように活用するのかを考え，赤で書き込みを加えるよう指示する。

4 授業展開例

　それぞれの登場人物の心情を説明するためには，表現から適切な根拠をあげて，理由を述べなければなりません。そこで説得力のある説明を組み立てるため，下記のようなインタビューシートを第2次から活用しました。

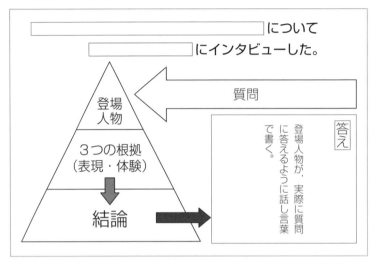

インタビューシート（ピラミッドチャート）

　前時は，「エーミールのちょうを僕が盗み，壊してしまう場面（事件）」について，事件から少し年を経た15歳の僕に聞いてみたいことを「質問」として考え，仮想インタビューを行いました。そして僕が語る「答え」をグループで交流しました。またこの活動を通して，主張・根拠・理由を明らかにした意見の組み立て方の確認をしました。

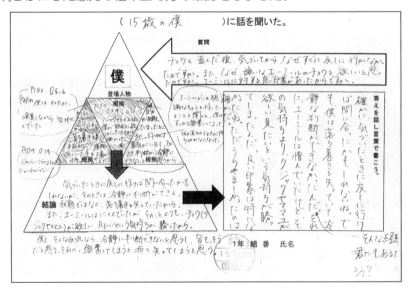

生徒Aの「僕」へのインタビュー

本時は，インタビューの対象を「15歳のエーミール」に変更し，まず「質問」を考えさせました。エーミールの言動に興味をもつ生徒が多く，比較的容易に以下のような質問が出ました。

> 質問の例
> ・なぜ「僕」にクジャクヤママユがつぶれてしまったことを話したのか。
> ・なぜちょうを壊したのが「僕」と知っても冷静でいられたのか。
> ・なぜエーミールは「僕」の申し出を断ったのか。
> ・事件の前と後で「僕」への思いは変わったか。

次にペアの相手と質問を交換し，自分の考えた質問とともにインタビューシートを使って，エーミールが語る「答え」を考え始めました。

> 課題1　15歳のエーミールとして，インタビューに答えよう。

「僕」のときには1人で書き進められていた生徒も，対象が「エーミール」に変わるとなかなか根拠が見つけられません。ペアで「なぜ作業が止まるのか」を話し合う時間を設定しました。

生徒A　エーミールってどんな子供か全然わからないよ。僕は「なぜ謝った僕を許さなかったのか」という質問を考えたけれど，「すごく大切なちょうだったんだ」って語らせたくても本当にそうだったのかなぁ。困った。Bさんはどう？

生徒B　私も今，A君からの質問に答えようとしているけれど，難しい。どの文も「僕は」「僕は」って僕中心だから…エーミールの本当の気持ちなんてわからないわ。

教　師　表現だけに絞って根拠を探すと，困るのはどうしてでしょう。

生徒A　Bさんも「僕は」「僕は」って言ってたけれど，物事がすべて「僕」の視点で書かれているから…エーミールの姿は僕が見た姿ってことで，本当の姿も気持ちも表れていないのだと思います。…

教　師　そうですね。でも，この場面をエーミールに語らせないといけないのですよ。どうしますか？

生徒B　エーミールになりきること。エーミールの目で物事を見ること。できないときは私たちと同じ中学生くらいの子供と考えて，想像すればいいと思う。

このようにつまずいたときに立ち止まって考えることで，文章の書き方の特徴をとらえたり，視点を変えて想像しながら読む方法を習得することができました。その後，生徒Aは「エーミ

ールがそれを繕うために努力した跡が認められた」「たとえ僕のちょうを全部もらったとしても埋め合わせができないくらい大切にしていた」というように，表現と想像の両方から根拠を探すことができました。

　次に同じ質問に対する答えを比べて，共通点や相違点をペアで話し合う活動を行いました。
　「僕のことをどう思っていましたか。僕にクジャクヤママユをつぶされたときはどう思いましたか？」という質問の答えを考えたペアは次のような話合いを展開しました。
　初めに「答え」をお互いエーミールになりきって語りました。

生徒Ｃの「答え」
　　あの子のことは嫌っていなかったけど，特別気にしてもなかったね。でも事件を通してあの子に対しての気持ちが変わってしまって，軽蔑の目で見るようになったんだ。やっぱり壊されたときは悲しかったな。あんなヤツだったとは思っていなかったんだけどね。向こうは最初から僕を気に入ってはなかったみたいだけど…。ぼくは別に嫌いではなかったけどなぁ。だってコムラサキも珍しいって認めただろう？　それにアドバイスもしたし…確かに言い方はきつかったかもしれないけどね。だから雑に扱われていることを知ったときは僕のアドバイスが受け入れられてなかったんだと思って残念だったんだよ。

生徒Ｄの「答え」
　　僕は実は彼のことを憎く思っていた。彼は僕には足りないちょう集めの才能をもっていたから。だから僕の目標でもあった。だがそんな彼が僕のちょうを壊してしまうなんて…。本当はあのときとても悲しかったんだ。信頼していた彼に裏切られてしまったから。

（下線筆者）

　続いて「根拠」についてお互いに意見を述べ合いました。

生徒Ｄ　わたしも，Ｃ君も「壊されたときは悲しかった」というエーミールの気持ちが共通しているけれど，Ｃ君の根拠を見ると「なぜ悲しいのか」にかかわるところが書かれていないような気がする。

生徒Ｃ　実は…「壊されたときは悲しかったな」っていうのはうまくまとめられなくて，書けていないんだよ。批評家だけどちょうを丁寧に扱っていたから，「僕」とはちょっと違っていて，捕るよりも飾ったり眺めたりするのが好きだったんじゃないかって思って。だから手入れの途中のちょうを壊されたことはショックだったんじゃないかって考えたのだけど。

生徒Ｄ　なるほど。「捕ることに夢中になる僕」と「捕った後の手入れが好きなエーミール」

なんだね。その違いには気づかなかった。実は私も根拠が薄いまま「悲しかった」って書いていたの。C君の話をヒントにさせてもらうね。

生徒C　事件の場面だけでなくてここまでの描写をもう一度読まないといけないね。相違点は…事件の前に「エーミール」は「僕」をどう思っていたのかというところだけど，僕はコムラサキや標本にするためのアドバイスのところで，「エーミール」は「僕」のこと嫌いじゃないと考えたよ。Dさんは「僕」の才能を「エーミール」もうらやましく思ってたって書いてあるね。どうして？

生徒D　これも想像が多くて根拠が足りないところなんだけど…同じ趣味の人には負けたくないっていうのが私にはあって…「僕」もそう思ってるみたいだからきっと「エーミール」も，って考えました。子供らしくないって思っているのは「僕」でしょ？…

　話合いを続けていくと，共通点だと思っていたところがそうではなかったことが明らかになり新たな解釈が広がったり，説得力を高めるためにさらに文章を見直して解釈の深まりへとつないだりすることができていました。

　その後，単元の終末まで，第1場面の「わたし」を視点にして第3場面を創作しました。その中でインタビューを生かした登場人物の描写や展開の工夫が見られました。また同じ質問に答えたペアの相手の考えを創作に取り入れる生徒が多く現れ，ペアでの話合いにより解釈が広がったことがうかがえました。

第3場面の創作の例（生徒C）

（藤崎　裕子）

1年 | 読むこと | 説明的な文章① 「オオカミを見る目」

筆者の論証に納得するか

	授業方式	大きな言語活動				小さな言語活動		
	課題解決学習	調査・研究	ディベート・討論	発表・報告・プレゼンテーション	朗読・群読	ペア・グループでの話合い	多様な書くこと	音読
問題発見・解決を念頭に置いた深い学び								●
対話的な学び	●		●			●		
見通し・振り返りによる主体的な学び	●						●	

1 単元のねらい

> 筆者の論証の仕方について,根拠を基に,意見文を書くことができるようにする。

2 単元の概要と授業づくりのポイント

「説明的な文章教材の読みの授業は嫌い」という生徒は意外と多くいます。教師側が「段落」「要点」「要旨・要約」といった指導事項をきちんと「教えよう」とするあまり,「何となく聞いている」「考えることを放棄している」生徒を生み出してはいないでしょうか。

本教材も「問い―答えの関係」「問題提起」「具体的事例」「結論」といった文章構成や展開がきっちりとした文章です。それを「理解させる」ことを最終目標とすると,生徒にとってアクティブとは言い難い学習になってしまいます。しかし,論証の不整合性や題と結論との不整合性を見つけ,「筆者の論証に納得するか,しないか」を問うだけで,「関連・関係づける」思考,「批判的に吟味する」思考が要求される学習となります。生徒たちは,主体的に文章にかかわっていき,その中で,指導事項も習得されていきます。

単元指導計画(全5時間)
第1次 本文を読み,段落構成や要旨について確認する(1時間)。
第2次 現在のオオカミについて調べ,本文との違いを共通理解する(2時間)。
第3次 筆者の論証に対する納得の是非について話し合う(1時間)。＊本時
第4次 筆者の論証の仕方について,意見文を書く(1時間)。

3 学習指導案（第3次）

本時の目標：筆者の論証について，根拠を基に話し合い，考えを広げたり深めたりする。

時間	生徒の学習活動	教師の指導・支援
1分	1　学習課題を確認する。	
	課題　筆者の論証に納得するか。	
10分	2　同質小集団で話し合い，考えを広げる。	・あらかじめ同じ立場の者同士の4人組小集団をつくっておき，根拠や理由について話し合わせるようにする。 ・根拠や考えの付け加えは，ノートに赤色でメモするように指示する。
15分	3　異質小集団で話し合い，考えを深める。	・異なる立場の者が対話できる4人組小集団を指定し，席を移動して根拠や理由について話し合わせるようにする。 ・根拠や考えの付け加えは，ノートに青色でメモするように指示する。
20分	4　全体で考えを共有する。 　（論点の例） 　・現在のヨーロッパのオオカミの記述は必要か 　・他の例は必要か 　・例と結論とは合っているか 　・「オオカミを見る目」という題名でいいのか	・パネル・ディスカッション形式とし，異なる立場2名ずつがパネラーとして前で話し合い，他の者はフロアーから参加する授業形態とする。 ・話合いの中で論点を焦点化し，話合いがかみ合うように意見をつないだり戻したりする。 ・事前にノートで生徒の立場，根拠，理由を把握しておき，話合いの流れの中で適宜指名し，全体，個の考えが深まっていくようにする。 ・同じ立場の根拠や考えの付け加えは赤色で，異なる立場の根拠や考えの付け加えは青色で，ノートにメモするように指示する。
4分	5　学び全体を振り返る。 　・最終意見 　・考えの根拠，理由 　・自分の考えの変容	・ノートのメモを基に，話合い全体を俯瞰させる。 ・最終の自分の立場とその根拠，理由をノートに記入させる。自分の考えの変容，広がりや深まりについても記述させる。

4 授業展開例

　教材はヨーロッパと日本のオオカミに対する昔と今の見方を対比的に説明しますが,「現在のヨーロッパ」の説明は書かれていません（右図）。実際に調べてみると,ヨーロッパでは今でも野生のオオカミがおり,現在のイメージは良くも悪くもなく,むしろ保護されていることがわかります。

　また,原典（高槻成紀「オオカミのこと―神か悪魔か―」『野生動物と共存できるか』岩波書店,2006,174～182頁）と比較すると,題名とともに,次のような違いがあります。

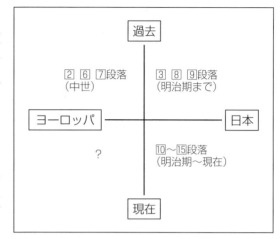

図イメージ

○（ヨーロッパではないが,）アメリカでオオカミが人の手により絶滅させられた後,生態系のバランスを取り戻すためにカナダから再導入され,今では人気者になった事例が結論の前に示されている。
○教材部分の前に「野生動物と人間社会のことを考える上で,オオカミはじつにおもしろい動物だと思います」という文があり,総括型の文章構成となっている。

　こうした違いを共通理解した上で,教材における「筆者の論証に納得するか,しないか」について各自の根拠と理由をノートに書かせ,本時に入りました。

課題　筆者の論証に納得するか。

　本時の学習は,基本的にはほぼ討論形式の話合い活動で行いました（「量的充実」）。また,前時に各自の最初の考えを書かせたのは,意図的な小集団やパネラーが編成できることで,論点のかみ合った深い話合い活動が行え,教材を掘り下げ,広げていくことができるとの教師の思いからです（「質的充実」）。

　話合いの主な争点になったのは,「現在のヨーロッパのオオカミの記述を書くべきか」と「題名の是非」についてでした。

争点1「現在のヨーロッパのオオカミの記述を書くべきか」
  ○書かなくてよい理由
  ・日本のオオカミのことに絞って述べるため,他の情報は除いただけ。余計な情報が増えすぎると趣旨がぼやける。
  ・論は日本とヨーロッパの今昔を対比して述べているのであり,オオカミはその例にすぎない。だからオオカミの実態を詳しく述べる必要はない。
  ○書いた方がよい理由
  ・今のヨーロッパのオオカミの現状は,対比の観点として必要なので,結論の前に書くべきだ。対比の観点がそろうことで論証の説得力が増す。

争点2　題名の是非について
  ○題名は変えるべきである理由
  ・結論の段落にある「人の考えや行いは,置かれた社会の状況によって異なりもするし,また変化もし得る」がこの論の主旨であり,オオカミはその例である。「それぞれの考えの違い」「社会と人」「物事を見る目」といった題名の方がよい。
  ・「オオカミを見る目」なら,現在のヨーロッパの見方の変化も当然書くべきであるから題名は変えた方がよい。
  ○題名はこのままでよい理由
  ・「オオカミを見る目」の「見る目」が結論の「人の考えや行いは,置かれた社会の状況によって異なりもするし,また変化もする」ことを表している。
  ・オオカミは結論を導くための重要な事例であり,題名に入っても構わない。

　次のような話合いが展開されました。

生徒A　僕は納得しません。昔のヨーロッパと日本のことを書いていて,現在のことは,日本のことしか書いていないからです。この説明文は,昔と今とを比べることで,より説得力が増すので,ある方がいいと思います。
教　師　これで比較がそろうのですね。いらない情報ですか?
生徒A　日本では昔からこういうふうに変わって,今はどうなっているかを書いています。今のヨーロッパはわからないので比較できるようにしたらいいと思います。
生徒B　確かにヨーロッパの今がなくても伝わると思うんですけど,ヨーロッパの今がどうな

っているかということがあった方が，説得力が増すと思います。

生徒C 確かにあった方がヨーロッパとの比較ができるのですが，この文章は，日本の「見方」の変化がメインで，ヨーロッパの昔はそれを修飾している感じなので，必要ないと感じました。

生徒D よく似ているんですけど，このヨーロッパがあるのは，日本のオオカミに対するイメージの変化を述べるために使われたのであって，ヨーロッパを日本と同じように重要視するのではなく，日本の変化に対することを言いたくて，ヨーロッパを付け足したと思うので，ヨーロッパの今はいらないと思います。

　必要に応じて教師が根拠の段落や文を確認させ，論点をつなぎながら，集団そして個の思考が深まるように努めました。

授業全体の振り返りでは，次のように書かれていました。
〈振り返りの例〉

> 生徒E
> 　私ははじめ，今のヨーロッパのことは書かなくてもいいんじゃないかと思っていたけれど，友達の意見を聞いていたら「ああ，ほるほど！」と思い，考えが変わりました。よりどっちがよくオオカミのことを上手く伝えられるのかなぁと思いました。
> 生徒F
> 　題名に関しても，様々な意見が生まれたが，私は「オオカミを見る目」だけでいいと思う。変に付け足しても，内容を全く感じさせない内容になる。これは筆者が「オオカミを見る目」から「置かれた社会の状況によって異なりもするしまた変化をし得ること」を感じてほしかったからつけた題名じゃないかと私は思う。

　話合い活動を中心に位置づけ，筆者の論証の是非について問うことで，実感の伴った深い読みが行えたことがうかがえます。「教材を正確に理解すること」を超え，「教材の意味を追求する」深い学びが展開できたのです。
　次時では，書く活動と関連させ，最終の意見文を書きました。本時の話合いの内容を踏まえた根拠をもとにした意見文を書くことができていました。

〈意見文の例〉

> 　私は，筆者の論証に納得する。理由は次の３つである。
> 1　「現在のヨーロッパの記述」を入れるとしたら，⑫⑬⑭⑮段落あたりだと思うが，どの段落も日本の変化を専門的に説明していて，入れるところがない。
> 2　ただし題名は変えるべきだ。題名からはオオカミのことしか書いてないように思えるが，実際に筆者が述べたいことは，結論の⑰段落にある「人の見方や考え方」だからだ。
> 3　原作と比べて，アメリカのイエローストーンの話が抜かれている。このことから，筆者は必要だと思う情報と，そうでない情報を区別し，整理していることがわかる。つまり，筆者は自分のまとめの具体例として，よりわかりやすいように情報を整理しているのだ。
> 　以上の理由で，私は，筆者の論証に納得する。
> 　　　　　　　　　　　　　　　　　　　　　　　　　　　　　　（下線筆者）

　下線部は，「段落」「要点」「要旨・要約」といった説明的な文章の指導事項にあたります。
　指導事項を教師が教え込もうとしなくても，課題について，夢中になって話し合う「活用」の中で，指導事項も確かに「習得」されていくのです。

（川田　英之）

| 1年 | 読むこと | 説明的な文章②「ちょっと立ち止まって」|

筆者の説明の工夫とその効果を検討しながら読もう

	授業方式	大きな言語活動				小さな言語活動		
	課題解決学習	調査・研究	ディベート・討論	発表・報告・プレゼンテーション	朗読・群読	ペア・グループでの話合い	多様な書くこと	音読
問題発見・解決を念頭に置いた深い学び	○		○			○	○	
対話的な学び	○		○			○		
見通し・振り返りによる主体的な学び	○							

1 単元のねらい

> 筆者の主張を踏まえて,具体例の挙げ方や論の展開等,表現の方法に対して評価しながら主体的に読むことができるようにする。

2 単元の概要と授業づくりのポイント

❶課題解決的に文章に立ち向かっていくような主体的な読みをさせたい

　教科書の説明的な文章は生徒にとって言わば「読まされる」文章です。それならばとゴールを設定した表現活動を目的に読ませることもありますが,日常的には「何かについて新たな知見を得たり考えたりするために読む」ことが多いです。このように目的が文章の内側にあるタイプの課題解決的な読みもさせたいものです。その場合,追究・解決させていく課題が,1人ひとり心から考えたいものになっているかが読みの主体性を左右します。

❷筆者の述べ方についても,内容との関連性を考えながら読ませたい

　日常生活で説明的な文章を読むときには,当然何が書かれているか(内容)を読んでいます。ただ国語の授業では,どう書かれているか(筆者の述べ方)についてもその効果を評価しながら読ませたいものです。こうしたクリティカルな読みでは,頭がアクティブに動くはずです。

　上記2点を実現するため,学習の展開や方法において,以下2点の工夫をしてみました。

・全文を読む前に,学習者自身に筆者と同一の主張をする文章を書かせてみる(「試し執筆」)ことで,本来「読み手」でしかない学習者を一時的に「書き手」にさせます。すると自分の述べ方と筆者の述べ方を比べるため,自ずと筆者はなぜそう書いたのかに関心が向きます。

・多角的に文章を読む力をつけるため,生徒たちによる「原稿検討会議」を中心に学習を展開

します。これは，筆者の主張や意図を踏まえながら，内容や表現の妥当性や効果について評価したり代案を考えたり，よりよい文章を目指して協働的に意見を述べ合う場になります。

単元指導計画（全7時間）…本文は10段落構成。以下，①は第1段落を示します。

第1時　題名と①から要旨を推測し，最終段落⑩を読んで，筆者の主張を確認する。
　　　　読者を納得に導くための「なか」の役割と書くべき内容について話し合う。
第2時　だまし絵4枚から適切な絵を3枚選び，「なか」の文章を「試し執筆」してみる。
第3時　⑤以外の全文を読み，自分の書き方と比べながら筆者の表現意図を推測して書き込む。
第4時　3枚の選択や順序を話し合う。特に「老婆」の絵を用いた意図や効果を評価する。
第5時　⑤の意図と効果について話し合う。
第6時　だまし絵に加え，日常の例を挙げた意図やその効果を吟味する。
第7時　題名を補って書いてみる。題名の意図と効果を話し合う。学習のまとめをする。＊本時

3　学習指導案（第7時）

本時の目標：文章の要旨をつかみ，抽象的な主張をするための「具体例の提示」の必要性に気づかせる。

時間	生徒の学習活動	教師の指導・支援
5分	1　学習に見通しをもつ。 ・編集者みたいで，おもしろそう。	・「原稿検討会議」の趣旨を説明する。 ・筆者の伝えたい内容を踏まえて，効果的な表現方法を吟味することを確認。
10分	2　①と⑩だけ読み，要旨を読み取る	
	課題　筆者の伝えたいことをつかみ，原稿検討会議の方向性を考えよう。	
30分	・「頭を柔らかくして物事を多面的にとらえよう。別の見方も試そう』と言いたいのだ」 3　「なか」に求める文章上の役割とそこに書くべき適切な内容について考える。 ・「見方を変えた具体例，多面的に見た成功談や一面だけ見た失敗談が書いてあるのではないか。例がないと読者は納得しにくい」 ・これらの絵はどれも二通りの見方ができるから筆者の主張に合う。効果的な例になる。	・要旨がとらえられたのなら，この文章に「なか」は不要ではないかと発問し，事例の必要性に気づせていく。 ・4枚のだまし絵（教科書教材に挿入されているだまし絵3枚に加え，マルティン・ウィル作「驚きの小路」を提示する）を提示しながら，「なか」を書く際に，これらの「だまし絵」をうまく使って書けないかと問いかける。 ・自由に「だまし絵」を鑑賞させる。 ・4枚のうち筆者が使ったのは3枚であることも明かしておく。次時の「試し執筆」に向けて，自分ならどれを選び，どう説明するかを決めておくよう指示。
5分	4　学習をまとめ，次時への見通しをもつ。 ・主張だけでは抽象的すぎて，説得力が弱い。その場合，適切な具体例を示す必要がある。	

4 授業展開例

❶「なか」を「試し執筆」する（第2時）

第1時の話合いを踏まえ，各自が，4枚のだまし絵から具体例として最適だと思う絵を3枚選び，その順序を決め，「なか」を記述します。書き上げた後，その絵を選んだ理由，その順番にした理由，そのような記述をした理由等，工夫点や意図を当該箇所に書き込むようにしました。

❷文章と対面し，筆者の「なか」の部分に気づきや疑問を書き込む（第3時）

前時に記述した「なか」をペアで発表し合った上で，文章と対面。自分と比べて，今度は筆者の書きぶりから推測される工夫や意図，また，効果等を当該箇所に書き込みます。難しそうですが，いったん自分も「書き手」になっているため，以下①〜⑭の通り多くのことに気づくことができます。

例えば，この「ルビンの壺」。白の絵だったら何に見えるだろうか。しかし，黒い所に注目すると向かい合った二人の人に見える。次に「ドクロと鏡台」。若い女の人にも見えるし，魔女のおばあさんにも見える。ぜひ，この絵を縦にも見てほしい。最後に「人面街」。たぶんAに見えた人が何人かいるだろう。でも，このように縦にすると，同じ絵なのにBに見えたりするのである。別の見方をしてほしい。

学習者の「なか」の「試し執筆」例

〈筆者の述べ方についての学習者の気づきの例〉

① 中心に見る物を変える例と距離を変える例が文章と同じ順番に出てくる。中心の例と距離の例と縛られる例がある。

② 簡単なものから説明している。

③ ⑤は何を言いたいのかわからない。途中にまとめのような段落がある。

④ 最後⑩の直前によくあるまとめの段落がこの文章にはない。

⑤ 日常の例を補っていてわかりやすい。

⑥ 「老婆」の絵のあと日常の例がないのはなぜか。

⑦ 対比を使っている。

⑧ 「鏡台」の図の解説は「ドクロ」を先に出した方がわかりやすい。

⑨ 「他の絵と見る人も…」とあるけど他に何に見えるのか。

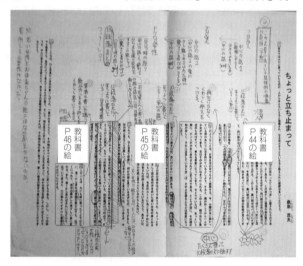

筆者の工夫や意図，効果等への気づきを書き込んだワークシート（絵：「国語1」光村図書より）

⑩ 文末の工夫で投げかけたり問いかけたりしている。

⑪ 一瞬のうちに＝たちまち，背景＝バック，同じような言葉で言い換え。「絵」と「図」の言葉の使い分け方がわからない。

⑫ 題名がわかりにくい。何のことかなと思わせる工夫がある。

⑬ 1段落は興味がもてる書き方になっている。

⑭ カメラのピントの比喩がうまい。

❸絵の選択やその順序の意図や効果を話し合う―「老婆」の絵を中心に―(第4時)

原稿検討会議　筆者はなぜこの3枚を選び,この順に使ったのか。それは成功しているのか。

① 私は簡単な順に並べた。「ドクロ」は一番難しかったからやめた。
② 私は「ルビンの壺」を捨てた。簡単すぎて,新しい発見の喜びを感じないから。
③ でも,「ルビンの壺」は簡単だから先にわかってもらうにはいい。
T　簡単とか難しいじゃなくて,別の理由で材料を選んだ人はいるかな?
④ ⑩の記述を根拠に「中心に見る物を変えたり距離を変えたり」って書いてある。「ルビン」は中心に見るものを変える例で,「ドクロ」は距離を変える例。筆者は⑩の主張に合う絵を選んだのだと思う。私も初めは,「人面街」の絵はおもしろい例だと思ったけれど…。これだけは絵を横に回す。つまり,「人面街」の図は中心を変えるわけでも距離を変えるわけでもないから例としては適さない。
⑤ まあ,それでもいいんだけど,これ(「人面街」)があったらおもしろいのに。
⑥ おもしろいかどうかで決めるんだったら,興味はひいても,わかりやすいとは言えない。
⑦ 「老婆」の絵は,本当に中心を変えた例なのかなあ。
⑧ でも,このまつげみたいなのを中心にすれば女の人で,あごとか鼻を中心にしたりすれば老婆に見える。
T　大まかに言うとこれは中心を変える仲間なんだね。
⑨ 距離を変える例と中心を変える例は1つずつでいいんじゃないの?
　　だから,「老婆」の絵はいらない。中心を変える例は「ルビンの壺」だけあればいい。
⑩ 「老婆」の絵は背景と完全に入れ替わるわけではないから,「ルビンの壺」の絵とは少し違う。
T　もう一度読んでみよう。→(各自音読)
⑪ 意識して見るものを変えるための例じゃないかな。「ルビンの壺」は簡単すぎるから,がんばることでようやく見えてくるような「老婆」の絵を出したんじゃないか。
⑫ ⑦に書いてあるように意識して捨て去らないとあごなどを捨てないといけない。「老婆」の絵で一度思い込むとなかなか別の見方ができないことを言いたかったのだと思う。そのためには難しい絵がいい。ぼくは「老婆」の絵で⑩の「新しい発見の驚きや喜び」を味わえた。だからこの絵は効果的。「ルビンの壺」の絵だけだと驚きが弱い。
T　筆者は別の見方ができないことをどんな言葉で書いている?
⑬ 「縛られる」
T　なぜこの言葉を選んできたんだろうね。
⑭ 「縛られる」ってふつう縄とかで縛られて抜け出さないと絶対見えない。
⑮ 縛られるって動けない感じがする。それはその見方から抜け出せなくて,別の見方ができないこと。僕の場合,女性という見方に縛られた。よほどがんばらないと老婆は見えない。
T　がんばるって? 何をがんばるの?
⑯ あごを消し去らないといけない。
T　⑯くんは「消し去る」って言ったけど筆者は「消し去る」とは書いてないよ。
⑰ 「捨て去る」だ。自分から意識するって感じがする。
⑱ あっ,「ルビンの壺」のところは「消え去る」って書いてある。「ルビンの壺」の絵のもう1つは自然に「消え去って」いく。でもこれはがんばって「捨て去ら」なくちゃいけない。中心を変えるタイプの絵でも難しい。
T　「老婆」のだまし絵を入れたことは効果的かな?
⑲ 効果絶大。その方が別の見方ができたときうれしい。僕もそうだった。最後の主張につながる。

　「原稿検討会議」によって,筆者が具体例を挙げるのは他でもない読者を納得させるためだと実感できたようです。また,このように筆者の書きぶりを検討することで,理解できていたつもりの筆者の主張(実は人は見方を変えることは簡単にできない)を改めてとらえることにもつながりました。表現方法をクリティカルに吟味する思考は内容の深い理解を促すのです。

❹5段落の文章全体に果たす役割と効果について話し合う(第5時)

　⑤は「中間まとめ」をしている段落と言えます。そこで,ここまでは⑤を伏せておき,④と⑥の間に何がどう書かれているか予想させてみました。その後で,⑤を開示し,意図や効果についての「評価読み」に基づいた会議を行いました。

原稿検討会議　筆者は何のために第⑤段落を書いたのだろう。それは成功しているのか。

T　⑤はどんな働きをしている段落かな。
①　②・③・④のまとめをしている。でも、「見るという働きには、思いがけない一面がある」っていうのはわからない。「ルビンの壺」の絵は壺と人間が入れ替えになる。橋の例も書いてあることと合っている。
②　⑥は「見方を変える」ことに目をつけていて、⑤はその⑥へつなげていると思う。「老婆」の絵は、「ルビンの壺」とは違う。「ルビンの壺」の絵はたいていの人はできるけど、「老婆」のはできない。
T　多くの人は、「老婆」の絵で、何ができないの？
③　他の見方をすること。「ルビンの壺」で見方を変えるなんて「簡単、簡単」と思わせておいて、その後に見方が変えにくい「老婆」の例を出すことで、簡単にはいかないことを実感させている。「上の図はどうであろうか」って書いてあるのも、ルビンと対比させようとする意図を感じる。でも単に例を並べるだけではわかってもらえないから、⑤でいったん「見る」というのはどうすることかをまとめている。
T　もう一回、⑤を読んでみようか。　→（音読）
T　「一瞬のうちに」はどこにかかるの？
④　「一瞬のうちに」に読点があって、そのあと「〜たり〜たり」だから「変える」にもかかっている。一瞬のうちに決めたり変えたりできるのは、「ルビンの壺」の例や橋の景色の例でよくわかる。
⑤　読者にまず、⑤で「ルビンの壺」とか橋の例の中間の結論を出して、そこまで納得させてから、その後で、では「この『老婆』の絵でもそれはできるかな」って、読者に揺さぶりをかけている。
⑥　⑤はルビンと橋の例をいったんまとめて、次に発展した話題を投げかけるための前置きをしている。
⑦　⑩段落で「試してみたらどうだろう」って書いてあるってことは、筆者はいろいろな見方を試してほしいと思っていて、そのためには中心に見る物を変えることをわからせないとだめ。だから、②・③・④で簡単な例を出して、人は何か見るとき中心に見る物を決めたり変えたりすることをよくわからせておいてから次へいく。そしたら、読者にわかりやすくなる。
⑧　②・③・④の例は簡単にできるけど、実は案外難しくて、「次（⑥・⑦）はそうはいかないよ」っていうために、いったんここまでをまとめる、そのためにこの⑤段落を作った。
T　その筆者の工夫は成功しているのかな。効果があるのかな。　→　再度、音読
⑨　効果的だ。例ばかりが続いたら、何の例だったかわからなくなる。⑤があると落ち着く。
⑩　でも…、せっかくの中間まとめだけど、ちょっとわかりにくい。
⑪　「見るという働きには思いがけない一面がある」の「思いがけない一面」が何を指すのかわからない。見る物を変えることは簡単だといいたいのか、見方を変えれば別の物が見えるといいたいのか…。
T　どう書いてあればわかりやすいと思う？
⑫　例えば「実は私たちは普段何かを見るとき、あるものを中心に見るものを決めていて、時にはそれを変えることもできるのである。そして、中心を変えると他のものが見えてくる。では、これは簡単にできることなのだろうか」って揺さぶりをかけたらいいのではないかな。　→　音読

　⑤は、論理展開の上、いったんまとめて、次につなぐ役割をしています。しかし、「試し執筆」で例を並べただけの生徒には、これは想定外の段落設定でした。だからこそ、この段落の内容と役割に同じ書き手として疑問が生まれ、読者サイドからの評価もできたのでしょう。

　第1時には、筆者の主張を「筆者は立ち止まって別の見方も試そうと主張している」と表面的にだけ理解していた生徒たちが、最終的には「人は思い込みが強く見方を変えるのが苦手だと知っている筆者だからこそこう主張するのだ」と筆者の真意まで読み取っていくことができました。明確な課題をもちながら「原稿検討会議」でアクティブに議論（実態や必要に応じてペアやグループでも）したからであり、その課題意識の基となったのは「試し執筆」でした。読む前に筆者と同じ主張をする文章を書いたことで、自ずと筆者の書き方に着目できたというわけです。課題が心から考えたいものになっていることが、1人ひとりの思考の活性化を促し、主体的・協働的な学びをつくっていくと言えそうです。

5 評価について

> 1 文章中の「バック」と同じような意味で使われている語句を文章中から抜き出しなさい。
>
> 2 ②・③・④段落では、例を挙げて、「どんなこと」を理解させようとしているか。文章中の言葉を使って三十五字以上四十五字以内で書きなさい。ただし、主語を自分で補い、「こと」で終わるように書くこと。
>
> 3 ⑤段落の働きとして、適切なものを次から二つ選び、記号で答えなさい。(完答)
> ア ②・③・④段落で述べてきた事例から言えることをいったんまとめている。
> イ 抽象的な事柄を理解させるために、身近で典型的な具体例を挙げている。
> ウ 多くの読者がすでに知っている一般的な常識を述べて、読者を安心させている。
> エ 中間まとめをすることで最後の抽象的な主張を読者に理解しやすくしている。
>
> 4 「見るときの距離を変えること」について述べている段落をすべて選び、段落番号を書きなさい。また、それを述べるための「だまし絵」はどれですか。
>
> 5 この文章での筆者の主張に納得した中学生はそれを日常生活に生かそうとしています。次の四人の中で、筆者の主張に当てはまる内容を語っているのはだれですか。最も適切な人を二人選び、名前を書きなさい。(完答)
>
> 明くん「ぼくはきのうカレーを作りました。調理の本を参考にしながらも、そこには書いていない調味料を入れた結果、家族は喜んで食べてくれました。自分でどんどん工夫するって楽しいですね。」
>
> 守くん「お気に入りのペンケースをなくして、机から離れて部屋を見渡すと意外なところで見つかった気がします。物を探すコツが分かった気がします。」
>
> 治くん「兄は、数学の計算問題や図形の証明問題が得意です。一方、ぼくは、漢字の書き取りや文章を書くことが得意です。兄弟は見た目が似ているけど、それぞれ個性があると気づきました。」
>
> 正くん「ぼくは、Aくんの荒っぽい言葉遣いからきっと心も乱暴な人だと思いこんでいました。でも、言い方ではなく話している内容をよく聞くと弱い者をかばう優しい面をもっている人だと知りました。」

1 〈正答〉 背景

2 ※複数の具体例を挙げて理解を促そうとした抽象的な内容を読み取る力を測ります。
  〈正答例〉人はものを見るとき、一瞬にして中心に見るものを決めていて、それを変えることもできること。(43字)

3 〈正答〉ア・エ　　※段落の役割を内容に沿って理解できているかを測ります。

4 ※段落の要旨をつかんだり、記述と絵を照応させながら読んだりする力を測ります。
  〈正答〉8段落・9段落　「ドクロと鏡台」の絵
  　9段落の「このことは、なにも絵に限ったことではない。」から、9段落は別の事例を挙げながらも同じ内容を伝えようとしていることがわかる。

5 〈正答〉守くん・正くん
  ※守と正は、「一つの見方や思い込みにとらわれていたが、ちょっと立ち止まって他の見方を試すことで新しい発見をしている」という筆者の主張に重なる内容を語っています。説明的な文章を読むことは、自分のものの見方・考え方を広げたり深めたりします。このように文章を読むことの本質的な価値や書かれていることの内容的な価値を、評価の段階まで大事にしたいものです。

(萩中奈穂美)

1年　古典　「竹取物語」

作者がすばらしいと思っているのは、天上の世界か地上の世界か

	授業方式	大きな言語活動				小さな言語活動		
	課題解決学習	調査・研究	ディベート・討論	発表・報告・プレゼンテーション	朗読・群読	ペア・グループでの話合い	多様な書くこと	音読
問題発見・解決を念頭に置いた深い学び	○							○
対話的な学び	○		○			○		
見通し・振り返りによる主体的な学び	○					○		

1　単元のねらい

「竹取物語」の書きぶりから作者の思いを想像する中で、昔の人と現代の人のものの見方や考え方の共通するもの、異なるものに気がつくことができる。

2　単元の概要と授業づくりのポイント

「竹取物語」は、「かぐや姫」の物語として絵本であらすじを知っている生徒も多く、古典の世界と現代をつなぐのにふさわしい教材です。作者は未詳ですが、5人の貴公子は実在の人物をモデルにしていると考えられたり、言葉遊びが見られたりするなど、作者の意図を随所に感じることができます。ここでは、「竹取物語」の書きぶりに注目し、作者の思いを想像することで、アクティブ・ラーニングを位置づけた授業づくりを構想したいと考えました。

単元指導計画（全6時間）
第1次　本文を音読し、歴史的仮名遣いや古文独特の言葉の読みに慣れる（1時間）。
第2次　本文の現代語訳を参考に「竹取物語」の大まかなあらすじをつかむ（1時間）。
第3次　5人の貴公子の場面から、作者の意図や工夫を考える（2時間）。
第4次　作者のものの見方・考え方を読み取り、現代とのつながりを考え自分の意見をもつ（2時間）。＊本時

3 学習指導案（第4次第1時）

本時の目標：作者の描く天上と地上の世界を比べる中で，作者の考え方や今でも変わらない価値観に気づく。

時間	生徒の学習活動	教師の指導・支援
1分	1 学習課題を確認する。 **課題** 作者がすばらしいと思っているのは，天上の世界か地上の世界か。	
5分	2 まず個人で考える。	・どちらかを選び，根拠となる表現に線を引かせる。 ・選びかねている生徒には天上の世界と地上の世界を記述している部分に線を引かせ，ワークシートに書き込ませて，根拠に説得力があると思われる方を選ばせる。
5分	3 ペアで話し合い，考えを広げる。	・隣同士でその根拠と理由について話し合わせ，討論への準備とする。 ・疑問点がある場合は，積極的に問うたり聴いたりするように指示する。
25分	4 全体で考えを共有する。	・まず全員の考えを集約し，その後根拠と理由を発表させる。 ・話合いの中で争点を焦点化し，話合いがかみ合うように意見をつないだり戻したりする。 ・友達の考えの付け加えをワークシートにメモするように指示する。
9分	5 作者がすばらしいと思っているのは技術か人の心（情愛）かについて考え，共有する。	・「技術」と「人の心（情愛）」で新たにマトリクスを書き，思考を整理する。 ・ペアと全体で話し合う場をもち，考えを広げたり深めたりさせる。
5分	6 学び全体を振り返る。 ・最終意見 ・考えの根拠，理由 ・自分の考えの変容	・ワークシートのメモを基に，話合い全体を俯瞰させる。 ・最終の自分の意見とその根拠，理由をノートに記入させる。自分の考えの変容，広がりや深まりについても記述させる。

4 授業展開例

本時までの授業の流れは次の通りです。

最初に、歴史的仮名遣いや古文独特の言葉に注意しながら繰り返し音読し、現代語訳を参考にあらすじを大まかにつかませました。次に、5人の貴公子の話に注目させ、「5人の貴公子を位の高い順に順番をつけよう」という課題を出しました。国語便覧や社会科の資料集、国語辞典や自分の既有知識等を根拠にしながら話し合っていくと、「登場順に位が高い」という結論に落ち着きます。根拠のないものや根拠が不十分なものは、話合いの中で論破されていくからです。

さらに「かぐや姫が選ばなかったけれど、この5人の貴公子の中で、最も誠実なのはだれか」と問いかけます。話合いを続けると「もしかしたら位の高い人が一番不誠実なのではないか、位の低い順に誠実なのではないか」と思い始めます。その話合いの中では「何をもって誠実とするのか」ということについて意見が割れます。「3年もの月日をかけている」「偽物とわかるものを渡す方が、本物そっくりなものを渡して完全にだまそうとするよりましだ」「かぐや姫をののしるのは絶対にだめだ」「危険を冒して海に出て行く方が誠意がある」など、様々な意見が出ますが、「それでは作者はどう思っていただろう」と問い返すと、見えない作者の存在を感じ始めます。はっきりした答えが出るわけではありませんが、「登場順は位の高い順だったから、作者は意図的に位の高い人ほど不誠実に描いているのではないか」と推理し始めます。その中で「もしかしたら当時の世の中に不満を持っていたのではないか」と自然に作者の思いを考える生徒も出てきます。「昔の人のものの見方や考え方はどのようなものか」といきなり問いかけても漠然として答えることは難しいです。作者の存在を意識させることで文章表現などを手がかりにしながら作者のものの見方や考え方に迫ることができると考えます。

そこで本時の課題です。

> **課題** 作者がすばらしいと思っているのは、天上の世界か地上の世界か。

まず、個人で考えさせました。クラスによって多少違いますが、「天上」派「地上」派がだいたい半数ずつに分かれます。全体では、おおよそ次のような意見が出ます。

〈「天上」派の意見〉

生徒A 地上の世界と天上の世界は比べようもないくらい文明の差があります。「天の羽衣」「不死の薬」など、現代でもまだ発明されていないものが天上の世界にあったとされています。作者は天上の世界をすばらしい世界として描いています。

生徒B 「きたなき所の物きこしめしたれば御心地あしからむものぞ」と言っています。「きた

ない世界の食べ物をお召し上がりになったので，ご気分が悪いことでしょう」という意味です。天上の世界にいる天人が「地上はきたない」というのだから，おそらく天上の世界は華やかでとても楽しいところではないのかと考えました。

生徒C　地上の世界では５人の貴公子がかぐや姫をめぐって争って，人をだまそうとしたり，かぐや姫をののしったりします。人間をみにくいものとして描いているので，天上の世界の方がすばらしいと考えていたと思います。

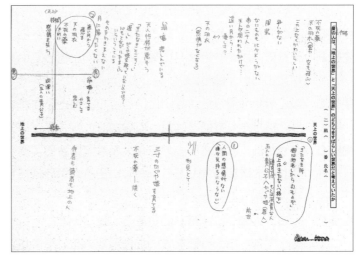

授業で使ったワークシート

〈「地上」派の意見〉

生徒D　「衣着せつる人は心異になるなり」とあり，天の羽衣を着ている天人には人間の感情がありません。感情がない上に「心もとながりたまふ」「もの知らぬことなのたまひそ」からわかるように，いらいらしたりものをわきまえてなかったりと，人柄が良いようには描かれていませんから，地上の世界の方がすばらしいと考えていたと思います。

生徒E　翁や嫗を優しい人物として描いています。竹の中にいた小さな女の子を大切に育てています。またかぐや姫が月に帰ると知ったときにも翁の悲しみは大変なものだったし，天人にも最後まで抵抗していたのは翁と嫗でした。地上の世界の方をすばらしいと考えていたから，翁と嫗を優しい人物として描いたと考えます。

生徒F　「かぐや姫は美しい月を見ては嘆き悲しむようになりました」と書いています。つまり，かぐや姫は月に帰りたくなくて泣いているのです。自分の故郷である月に帰れるのにそれでも地上に残りたいというかぐや姫の思いから，作者は地上の方がすばらしいと考えていたと思います。

　意見が出そろったり，話合いが堂々巡りになったりしたら，「技術か人の心か」ということに焦点を絞って考えさせます。話し合わせ方はペア，４人組，全体などが考えられますが，その場に応じて人数をかえるのがよいと思います。次は話合いの一例です。

教　師　みなさんの意見を大まかにまとめると，天上の世界には「技術」があり，地上の世界には「人の心」があるということですね。作者はどちらをすばらしいと考えていたの

でしょうか。このことについて考えましょう。
生徒E　心の方が大事やろ？　翁と嫗が優しくなかったら，かぐや姫は置き去りになる。
生徒F　それに，かぐや姫は月に帰りたくないと言っている。感情があるから，そんなことを思えるんだと思う。
生徒C　かぐや姫は帰りたくないというより，翁と嫗を悲しませてはいけないと思っているだけ。帰りたくないとは言ってない。
生徒D　だったら，なおさら心の方が大事な気がする。翁や嫗への思いやりってことやろ？　それなのに薬を飲んだら「かわいそうに思う気持ちも消えてしまって」とあって冷たい人になっている。
生徒C　でも，人の心には悪い面もある。憎しみとか苦しみとか。5人の貴公子はにせものを持ってきたり，うそをついたりしている。感情がなければ人と争うこともないので人間関係のトラブルもない。
生徒B　作者はうそばかりつく人間に嫌気がさしていたのかも。5人の貴公子はだめすぎる。どう読んでもいい書かれ方はしていない。全員失敗しているし。
生徒A　地上のことを「きたなきところ」と言っている。天上はいろんな技術できれいなところと思っていたと思う。天上の世界にはきれいなものしか登場させてない。「天の羽衣」とか。
生徒B　不老不死の薬も。不死はわからないけど，不老は今でも人々の夢。アンチエイジングってそういうことよな。
生徒E　なんか，天上の世界の方がすばらしいような気がしてきた…。当時の生活は貧しかったと思うし，寿命も長くなかったと思うので，不老不死の薬はあこがれだったかも。
教　師　その不老不死の薬は，物語の中ではどうなったの？
生徒D　帝が天に近い山で焼かせた。
生徒E　焼いたということはもういらないということだから，技術よりかぐや姫への思いをとったってことかな？
生徒C　ただのかぐや姫へのあてつけかも。
生徒D　あてつけでも，焼いたことに変わりない。やっぱり，かぐや姫への愛が大事ってことだと思う。

　話合いの後，最も説得力のあった意見として，「人の心」がある地上の世界をすばらしいと思っていたと考える生徒が大半を占めました。

　次時では，前時の話合いの内容を振り返り，課題に対する最終意見文を書きました。その意見を支える根拠を3つに絞り，反対意見への反論も書かせました。話し合った直後では考えの整理ができていなかった生徒も，時間をおくことで1つひとつの意見や根拠に対してじっくり向き合うことができたため，意見文を書くことができました。

〈意見文の例（一部）〉

> 生徒E
>   作者は，地上の世界の方がすばらしい世界だと考えていたと思う。理由は大きく分けて3つある。1つ目は，天人の言葉である。かぐや姫が天にのぼって行ったときに，天人が「きたなき所の物きこしめしたれば」と言っている。つまり，地上のことを「きたなき所」とばかにしているのである。天人は地上のことを見下しているが，地上の人はかぐや姫が天に行ってしまっても天のことをののしったりしていない。2つ目は，翁・嫗の優しさである。翁は竹の中にいた小さなかぐや姫を家へ持って帰って大切に育てている。作者も地上の方がすばらしい世界だと考えていたから，翁・嫗を優しく書いたのである。（中略）
>   確かに，天の羽衣，不死の薬などの技術は，天上の方が進んでいるだろう。その根拠から，天上の方がすばらしいと考える人もいると思う。しかし，技術が進んでいる方がすばらしい世界なのだろうか。人々の優しさや別れるときの悲しさ…そんな感情がたくさん表れている地上の世界はたとえ技術が進んでいなくてもすばらしい世界と言えるのではないだろうか。人々の美しい感情をたくさん描いている分，作者も地上の世界がすばらしい世界だと思っていたのではないだろうか。
>   最後に私自身も地上の世界がすばらしい世界だと思う。現代の日本は，たくさんの技術があふれているが，そんな今の時代でも技術があるだけではすばらしい世界だとはいえないと思う。技術だけでなく人の優しさ，悲しみなど様々な感情があってこそ，すばらしい世界だと言えると思う。「すばらしい世界」の基準は今も昔も変わらないのではないだろうか。

単元全体の振り返りでは，次のような記述も見られました。

>   古文について難しいイメージしかなかったけれど，竹取物語を通して，自然に古文がわかってきました。特徴をとらえれば，今の言葉づかいとあまり変わらないこともわかりました。5人の貴公子などの学習は，クラスのみんなで意見をたたかわせて話し合ったのがおもしろかったです。ふだん私は自分からあまり発表しないのですが，この学習のときは進んで発表できました。

　このような国語科の話合いで大切なのは，意見を集約して1つにまとめることではありません。どちらかの意見に大半の生徒が傾いたとしても，少数の生徒は自分の意見を変えません。しかし，根拠や理由づけに妥当性があれば認められるべきだと思います。課題をみんなで考えることで，古典のおもしろさに気づいたり当時の人々の考えに迫ることができたりする授業がよいと考えます。

（大西小百合）

2年　話すこと・聞くこと　「合意形成を図る話合い（自主教材）」

話合いの方向を考えて発言しよう

	授業方式	大きな言語活動				小さな言語活動		
	課題解決学習	調査・研究	ディベート・討論	発表・報告・プレゼンテーション	朗読・群読	ペア・グループでの話合い	多様な書くこと	音読
問題発見・解決を念頭に置いた深い学び	○			○				
対話的な学び	○					○	○	○
見通し・振り返りによる主体的な学び	○			○		○	○	

1　単元のねらい

> 互いの考えを尊重し，目的に即して整理・検討しながら聞く力，また，よりよい合意形成へ方向性を考えながら建設的に発言する力を高める。

2　単元の概要と授業づくりのポイント

　「みんなで話し合いましょう」という教師の言葉かけで，「話合い」はよく行われます。そのため，経験を積めば自然習得していくと思われがちです。ただ，指導もなしにそんなに容易にできるでしょうか。特に，何かを決定する話合いでよりよい結論を出して参加者全員の合意形成を図るには，柔軟かつ多角的に考えること，他者の考えを尊重してよく聞き合うこと，それぞれの考えの長所や問題点を目的や条件に照らして整理すること，刻々と過ぎる時間の中で結論へと話合いを進めること等，それらをその場での瞬発的に思考・判断・表現していくことが求められます。さらに心理的な作用も大きく，実は難しい言語活動です。

　アクティブ・ラーニングを目指す「話合い」の授業づくりでは以下を大切にしました。
①話し合いにおける自分の願いや悩みを自覚させ，学習に課題意識や必要感をもたせる。
②議題は身近で参加しやすく，選ぶタイプでなく，工夫によってつくり上げるものにする。
③指導のねらいを組み込んだシナリオを意図的に作り，生徒によるその実演を教材とする。
④目の前で行われている話合いを周囲から客観的に観察させる。
⑤効果的な発言の直前の頭や心の中，聞き手のよい反応の直前の頭や心の中を推測させる。
⑥実践的な発言力をつけるため，話し合い方を学ぶ活動と実践してみる活動を組み合わせる。

単元指導計画（全6時間）

第1時　話合いにおける自分を自覚し，目標を立てる。「合意形成」という語を理解する。
第2時　話合いにはどんな心構え，聞き方，発言が必要かについて気づく。
第3時　能動的な聞き方，前向きな発言を話合いの中で実行してみる。
第4時　出された案を目的に照らしながら整理・検討する方法とその際の留意点を考える。＊本時
第5時　よりよい結論に導く発言をするにはどう考え判断し述べたらよいかを考える。
第6時　学びを生かしながら合意形成を目指した話合いに取り組み，学習を振り返る。

3　学習指導案（第6時）

本時の目標：よりよく合意形成するために，それぞれの考えの長所と問題点を目的や条件に照らして整理する重要性に実感的に気づき，今後の話合いにも生かせるようにする。

時間	生徒の学習活動	教師の指導・支援
2分 1分	1　発声の言葉遊びをする。（アイスブレイク） 2　本時の課題をつかむ。	・話合いには雰囲気が大切なのでリラックスさせる。
	課題　それぞれの案のメリット・デメリットを整理する際の頭の働かせ方や心構えを考えよう。	
20分	3　話合いモデルを観察する。 〈話合いモデルの台本の一部〉 ①ここで，出された案を一度整理しましょう。 ③はい。整理というけど，どうやって整理するのですか。 ②大事なのは目的です。第1はクラスの団結。第2は学年の明るい雰囲気づくり。目的を忘れないで考えましょう。 ⑥それなら，目的に合っているかでよさを比べましょう。 ⑤はい。まずリレーのよさは「楽しくて」「おもしろくて」それから，みんなやり方やルールを知っています。 ②はい。この4つはどれも楽しいです。つまり「楽しいことをしたい」というのが私たち共通の思いだということです。ただ，共通点を出しても決めていけません。4つそれぞれの特徴，違いこそが大事だと思います。 ⑤わかりました。僕はやはりリレーがいいと思います。みんなで1つのバトンをつなぐというのは団結そのものです。 ⑥ルールも簡単で，バトンさえあればすぐできます。 ④はい。いすとりでは残念ながら団結はしないでしょう。そのうえ160脚もの椅子が必要で，これが大きな問題点です。 ①いすとりはいったん取り下げていいですか。　　（以下　省略） 〈記録例〉2学年レクリエーション集会ですること　○組が担当する活動 目的　①クラスの団結　　②学年の明るい雰囲気づくり　20分　体育館 　　　　　リレー　　　40人41脚　　いすとりゲーム　じゃんけん 共通点　楽しい！ よさ　　つなぐ　　　息を合わせる　　△　　　　　　△ 問題点　遅い人が―　転ぶ・横はば　いす160×　ばらばら	・話合いモデルのシナリオには，気づかせたい要素を入れて教師が作成する。 ・本時の課題に焦点を絞って考えられるよう，話合いモデルで出されている複数の活動案については事前に知らせておく。 ・1回目の観察は，合意形成していく建設的な雰囲気を感じ取ったり，大まかな流れをつかんだりさせるため，観察の視点等は示さず自由に観察させる。 ・2回目は，観点を示して観察させる。その際，話合いの流れに合わせて必要に応じメモさせる。 ・「効果的だったのは○○さんの□□という発言でした」と指摘するだけでなく，「その発言はどのような思いや考えから発せられたのか」と問い返し，知覚されない思考や心構えのよさを見出していくようにする。
22分 5分	4　効果的な発言について頭や心の働かせ方について話し合う。 5　整理段階のポイントやコツをまとめる。 　ア　長所と問題点を整理する 　イ　目的に合っているかを常に考える 　ウ　他の考えのよさを生かす	

4 授業展開例

❶モデルを観察してコツを見出す学習と実際に話し合う活動を組み合わせた学習過程

劇台本モデル	第○時		指導のポイント	話合いモデル（教師作成台本）のストーリー
台本①	1	失敗モデル	○話合いへの意欲がないと意見が出ない ○発言を受容的に聞かないことの雰囲気への影響 ○安易な多数決の問題点	学年レク集会ですることを学級で1つ決めるため、話合いをすることになる。考えをもたずに参加。数人の意見の中から、その根拠を理解しないまま、安易な多数決で決まる。そのため、話合い後、不満の声が聞こえる。
台本②　目的把握・出し合う	2	成功モデル	○参加者が自由に考えを出し合う効果 ○目的に沿った話合い ○素直に質問する効果 ○「はこぶ発言」の効果	前回の反省を生かして話合いをやり直す。集会の目的の確認がされる。参加者からは意欲的に意見が出される。誰かの発言に対して反応しながら聞いている。（うなずき・質問・確認等）
	3		周囲から話合いの様子を観察している。→ 実際に話合いをして、前時の学んだことを実行してみる。→	
台本③　意見の整理	4		○目的に沿った考えの整理	これまで出た複数の考えについて目的に照らして比較し、利点と問題点を表で整理してみる。
台本④　絞る	5		○他の視点からの反論の効果や率直な意見の効果 ○小刻みに合意形成 ○絞ろうという意識	表で整理したものを見ながら、建設的に、現実的に合意形成を重ね、基案にしぼり、合意形成。
最終調整			○知恵を出し合い問題を解決する効果	台本なしのリアルな「話合いモデル」決定した基案の問題点の改善策を出し合い、合意形成を図る。
	6			

【ふき出しは、実際に話し合ってみる活動を示す】

【実態を自覚する話合い】シンボルマークを決めるという議題で話し合ってみる。話合いでの悩みを発表し合う。

【第2時での学びを実行してみる話合い】話題は第1時と同一。（メタ認知しながら話合いに臨む）10人×4班…A→B班・C班→D班　A班の話合いをB班が観察。この話合い実践から「どんなにわかり合っても結局多数決で決めるしかないのだろうか」と実感的に課題が生まれる。多数決以外でみんなが納得する結論の出し方を知りたいなぁ、どうすればいいのかと課題を抱いて次時を迎える。

台本に基づいた実演モデルは結論を出す直前で終わり。その続きは一部の生徒が実際に自分たちで考えて行い、結論を出すことを経験してみる。

【単元の学びを生かして取り組む話合い】「実の話題」で話合いに臨む。

　21世紀型能力には「基礎力」「思考力」「実践力」があり、相乗的に高めていかなければなりません。しかし、とりわけ話し合う力に関しては、「わかること」と「できること」と「使ってよりよく生きること」には大きなギャップがあります。そこで、「なるほど！　そうすればいいんだ」という気づきをすぐに実行したり、実行して困った点について、その解決法を見出したり、と頭と体の学びを往復しながらスパイラルな学習過程を工夫しました。生徒たちは、仲間と目標を共有し知恵を出し合って最高の結論を出す醍醐味や徐々に力がついていく喜びを味わい、学習後の日常生活でもその意欲と自信をもって話合いに取り組み始めました。

❷最高の結論に合意形成することを話合いモデルの実演から見つける授業（第5時）
―効果的な発言を見つけて，その発言者の0.5秒前のアタマの中を推測する―

	最高の結論に合意形成するには，参加者は，頭の中をどう働かせればいいのだろう。
	教 では，基案が決まるまでの話合いモデルを2回観察しましょう。1回目は話合いの大まかな流れをつかみながら観察しましょう。2回目は効果的な発言を探しながら観察しましょう。
〈基案を一つに決める段階の話合いモデル劇の台本〉	❶だいたい必要な整理はできました。次に，これを見て基にする案を決めていきます。いいですか。 全　はい。 ❶では，どれを基にしますか？ ❻目的に一番ぴったりなのはリレーか40人41脚です。これらの共通点は，「勝負」することです。他クラスと勝負すれば絶対に団結します。 ❺賛成。合唱コンクールや運動会を思い出してみてください。他と競争すると一気に気持ちは1つになりますよね。 ❷そうですね。それに競走すれば応援でにぎやかになるから，2つ目の目的にも合います。 ❶今，リレーと40人41脚がいいという意見が強くなっていますがどうですか。 ❹反対です。じゃんけん大会も勝負ですよ。これについてどうですか。 ❻確かにそうですが，クラスとクラスの直接勝負ではないから，ばらばらな感じがします。 全　うなずく ❶ではじゃんけんもいったんとりさげます。いいですか。 全　はい。 ❶リレーと40人41脚のどちらを基にしますか。 ❺やっぱりリレーでしょう。クラスの団結という目的にぴったり合っています。 ❻整理してみても，リレーには問題点はなかったし。 ❸…反対です。…リレーにも問題があると思います。足の速い人はヒーローだけど，僕みたいに遅い人は自分のせいで負けたとか思って責任を感じてしまいます。気にしないでっていうけど僕は気になります。 ❷そうですよね。誰が抜かされたかがはっきりわかりますからね。 ❺私はずっとリレーがいいと思っていたけれど，❸くんが正直な気持ちを話してくれて，すごく納得しました。それに対して40人41脚は息を合わせるという最大のメリットがあります。せっかく体育館だし，問題点を改善してやってみませんか。 全　笑顔で拍手 ❶では，とりあえず40人41脚を基にするのでいいですか。 全　賛成

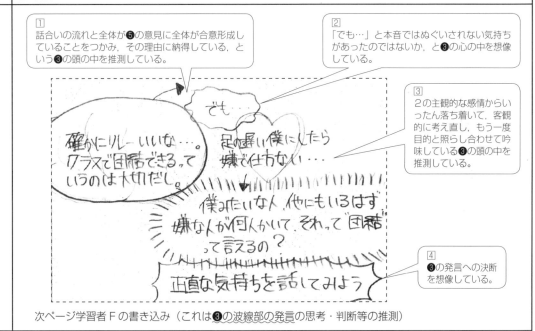

次ページ学習者Fの書き込み（これは❸の波線部の発言の思考・判断等の推測）

＜（波線）＝思考・判断等を推測	教	「40人41脚」に合意形成するに当たり，誰のどの発言が効いたと思いますか。その0.5秒前の頭の中や心の中も推測して発表してください。 （中略）
	A	付け足しで，❸君の意見は自分の正直な素直な気持ちを言っていて，❸君は前回の話合いで自分が「最高の結論を出そうぜ」って言ったのを思い出して，最高の結論を出すにはここで黙っていたらいけないと思ったんだと思う。それによって断固リレー派だった人の意見を変えることになって，それが大きな効果だと思う。
	B	ぼくも一番は❸君だと思うんですけど，次によかったのは❻君の発言で，最初に目的に合うのはリレーか40人41脚だって言ってるんですけど，そう言ったのは，この４つの中からどれかに決めるっていってもまた４つの意見が出て，またややこしくなってしまうので，だから最初に意見を絞ったんだと思います。だから❸君の意見が大事だったと思いました。 （中略）
	C	反対ってほどでもないんですけど，❹君の意見の方が私の中でよかったなあって思うんです。最初に❻君が勝負っていうところで２つの案がいいって言ったんですけど，その後❹君から「じゃんけんも同じじゃないですか」って反論が来たじゃないですか。だから，❹君の意見によって，同じ勝負の中でもその方向性が団結っていうので，勝負の中でもより確固たるものになったと思うので❹君の意見が効いていたんじゃないかと思います。
	教	なるほど。❹君は0.5秒前に何を考えていたのかな。
	C	❹君はその前の❻君の意見にそうだよなって思ってはいたんだけど，司会がそのまま２つに絞ろうとするときに，えっ，勝負という理由で決めていくんなら，じゃんけんは落とせないだろって思って，ここでみんなで確かめ合っておかないとだめだってと思った。それでそんなふうに発言したんだと思います。
	教	本当ですね。そうですね。❶君が「絞っていこう」と方向を決め❻君の発言でまず２つに絞り❹君の発言はそれを確固たるものにしたんだね。まだ他にもありますか。
	D	私は❺さんの最後の発言が合意形成につながったと思うんですけど，❺さんってこの話合いですうっとリレーがいいって言ってたと思うんですけど，最後に自分の意見をリレーから40人41脚に変えて，それだけじゃなく，体育館ならではだとかメリットも出して主張している。実際の会議なら40人なので全員は無理かもしれないけど，みんなが納得するだけのすごい説得力があったと思う。❺さんは，たぶん，❸君のを聞いてどきっとして，私はリレーは目的に合っているって自信をもっていたけど，苦手な人のことは考えていなかったなって思ったんだと思う。だから，みんなが楽しむには40人41脚の方がいいって心から思って，だから「40人41脚にしようよ」って言いたくなったんだと思います。
	E	❺さんの発言は確かに決定打だけど，そうなったきっかけは❸君の発言の方が大きいと思います。
	F	❸君はリレーに決まりそうになったときに，確かにクラスの団結にはぴったりだって頭では納得したんだけど，正直いうと嫌だなあって思っていた気持ちがふくらんで，それに僕みたいに思っている人は絶対にいるはずだ！ 嫌々参加する人が何人かいたらそれって団結になるの？って思った。だから，❸君は，今言わなくちゃ，正直に言ってみよう，って勇気を出したと思います。どうですか。
	G	私もやっぱり❸君のが一番効いたと思う。違った価値観っていうか，そういうのが出てこそ，会議だと思うので，❸君の意見はまさに会議を数人でやっている意味が一番出てる場所というか，自分の率直な意見を会議に出すことで，こういう人もいるんだよっていうことをきちんとみんなに知ってもらえたというのが，Dさんが言ったように，❺さんを心から納得させることになったんだと思う。
	教	今の意見をキーワードで言うと？　他の人は言えますか。
	H	要するに「他の視点」。この会議の中でみんなが同じ目線で「リレー」っていう案を見ている中で，❸君はそうじゃない視点から「リレー」を見たってこと。 （中略）

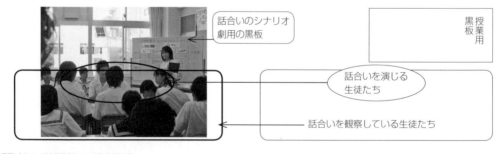

話合いのシナリオ劇用の黒板

話合いを演じる生徒たち

話合いを観察している生徒たち

授業用黒板

〈学習者の学習後の感想例〉
　私は以前反論がこわくて発言をしませんでした。でも，この学習で，他の視点からの意見はとてもありがたいものだということを感じました。だから，反論されてもまた反論し，よりよい意見になっていく様子を見て，とてもわくわくしたし，「合意形成」はとても気持ちがいい！！と思いました。今では話合いが好きになりました。特にやってみたいのは，違う視点からの反論です。「ここはこうしたらいいんじゃないか」という鋭い指摘もして話合いの流れを変えてみたいです。最高の結論を出すためにモデルの話合いで学んだことを生かして，とにかく積極的に発言したいです。

❸**話合いを成功させる言葉集を活用させる（国語のノートの見返しに貼付）**

❹**合意形成を図る話合いの学習において，生徒の思考をアクティブにしたポイント**

①話し合う力は社会人として必須の力になることを自覚させた上で，自分はどうありたいのか，何に困っているのかを振り返らせる。向上心と必要感は学習の主体性を高める。

②モデル劇の台本は，議題の提案から結論を出すまでのストーリー仕立てにし，それに合わせて単元全体を展開していくことで，仲間と同じ目標に向かって建設的に話合いを進める劇中の人物と自分が重なり，自分自身も実践への意欲が高まる。

③実際の話合いではなく，モデル劇を教材とすることは，話合い指導の初期に適していて，思春期においても友達に気兼ねすることなく，発言の善し悪しを検討することができる。

④モデル劇は生徒自身に実演させ，それを観察させる。話合いの場の雰囲気や語勢，表情等の大切さに気づけたのは実演教材の効果であった。一方，話合いを文字におこした教材は，観察を終えた後に発言をゆっくり吟味にするときに使いやすい。

⑤効果的な発言はどれかを問うことで，話合いの全体像，その中での発言の役割や効果，発言と発言のつながりを考えることができる。これは話合いがどこに向かい，今はどこにいるのかを客観的に認識する（メタ認知する）力を高める。特に司会に必要な力である。

⑥発言を支えた思考・判断，心的な構えは見えないし聞こえないが「0.5秒前の頭や心の中はどう働いていたのだろう」と問いかけて推測させることで，話合いの局面での適切な思考や判断，心的な構えについて実感的に学ぶことができる。

⑦上に示した「話合いを成功させる言葉集」を全員に配ることで，実際の話合いでそれを手元に置きながら使用してみようという生活の場での実践意欲につながる。　　　　（萩中奈穂美）

2年　書くこと　「質問に答えて書こう（学テアイデア例）」

質問に答えて書こう

	授業方式	大きな言語活動				小さな言語活動		
	課題解決学習	調査・研究	ディベート・討論	発表・報告・プレゼンテーション	朗読・群読	ペア・グループでの話合い	多様な書くこと	音読
問題発見・解決を念頭に置いた深い学び	●			●			●	
対話的な学び	●			●		●	●	●
見通し・振り返りによる主体的な学び				●				●

1 単元のねらい

> 問われていることを的確に把握した上で，それに答えるために，必要な情報を整理し，相手の理解の筋道を考えながらわかりやすく記述できるようにする。

2 単元の概要と授業づくりのポイント

　平成26年度全国学力・学習状況調査のＢ問題②の三の調査結果について，国立教育政策研究所は「資料から適切な情報を取り出し，伝えたい事柄が明確に伝わるように書くことに課題が見られ」たと分析しています。実際にこのような課題を抱えている生徒は多いと感じます。

　問いに対する答えを的確に記述するという言語活動は，以下の３つの力に支えられていると考えています。第一に，何が問われているのかを把握し，最終的に完成するまでそれを保持し続ける力，第二に，複数の情報源から必要な情報を取捨選択し，それらを関連づけながら整理する力，第三に，整理した内容をわかりやすく記述する力です。そこで，短時間でこれらの力を高めるために「授業アイディア例」（同研究所）の教材を用いて授業を行いました。「マグロの刺身は，タイの刺身に比べて，色が赤いのはなぜか」という質問に対し，情報源として，「【資料①】料理の本のコラム（赤い色は，筋肉を動かすための酸素を貯蔵するミオグロビンの赤さによるものだという事実とその他の無関係な情報が掲載されている）」と「【資料②】魚の事典の一部（２種類の筋肉の特徴と魚の泳ぎとの関係が掲載されている）」を提示します。これらを手掛かりに説明する文章が書けるよう３段階で指導していきます。何が問われているかをつかむ段階，情報を取捨選択する段階，わかりやすい順序で明快に記述する段階です。明快な説明に必要な深い思考・判断を促すため，記述には意図的に字数制限（120字）を設けました。

3 学習指導案 (全1時間　学習活動1〜3を第1時, 4〜6を第2時とし, 全2時間でもよい)

本時の目標：「マグロの刺身はタイの刺身に比べて, 色が赤いのはなぜか」という質問に答える文章を, 情報を適切に関連づけながら120字程度で明快に記述できるようにする。

時間	生徒の学習活動	教師の指導・支援 (番号は左の番号に対応する)
	課題　問われていることにすっきり答える説明を書くにはどうしたらよいだろう。	
5分	1　質問を読み, 問われていることを理解する。全	・導入で, 質問に答える活動は頻繁にしているが容易そうで実は難しく, とりわけ「書いて答える」場合は吟味が必要であることを踏まえる。
10分	2　【資料①】【資料②】を読み, 情報を必要に応じて分類する。個 ・必須の情報とそれらの関係を図とキーワードで図表にして整理する（必要に応じて行う）。	1　問われていることを音読して確認する。また, 内容への興味を高めるために予想を出し合う。 2　まずは情報を集める方法について見当をつけさせ, その後に【資料①②】のプリントを配る。 ・資料を読み「絶対に必要」「不要」な部分を取捨選択しながら下線を引く。 ・余白にキーワード等必要なメモをするよう伝え, 矢印等で関連づけると効果的であることを指導する。
10分	3　読み取って整理した内容を文章化してみる。個	
15分	4　文章を推敲する。班⇒全 ・「回遊魚」という用語は難解だ。 ・「関係がある」「左右する」では何がどうなのかわからない。 ・動きの説明が長すぎる。 ・遅筋や速筋の説明はいるのか。 ・タイと比較しないと問われていることに答えていない。 ・まずは, 赤さの正体であるミオグロビンについて書くべきだ。	3　文章はまず罫線に書かせる。思考・判断を残すためボールペンで書かせる。また, どうしてその内容をその順番で書いたのか, 自分のとった説明方法の工夫や意図も併せて記入させる。 4　書き終わったら音読させる。生徒の記述を2次教材として取り上げ, それを吟味することを通して以下3つのポイントを指導する。 　①問いをつかみ保持することの必要性 　②図表を用いた情報の整理の仕方 　③「比較」（一方, それに対し）や「因果関係」（だから, よって, 〜ので）記述の仕方
5分	5　検討を踏まえて, 各自, 自分が先に「3」で書いた文章を批正する。個	5　字数制限（120字程度）のマス目に, ブラッシュアップした文章を書かせる。音読をし, 先に書いた文章より明快になったことを推敲の成果として実感させる。
5分	6　互いに音読し合い, 学習をまとめる。ペア　全	6　学習のまとめとして3つのポイントを確認する。

4 授業展開例

「 ①問いをつかむ → ②情報の取捨選択・整理（図解）→ ③記述 」の3段階で板書する。

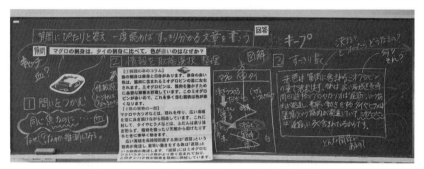

板書　生徒の記述を2次教材にして書き方を議論する

> **質問**　マグロの刺身は，タイの刺身に比べて，色が赤いのはなぜか？

【①料理の本のコラム】
　魚の刺身は赤身と白身があります。赤身の赤い色は，筋肉に含まれるミオグロビンの量に左右されます。ミオグロビンは，筋肉を動かすために必要な酸素を貯蔵しています。このミオグロビンが赤いので，これを多く含む筋肉は色が赤くなります。
　赤身魚は，こってりとしたうまみのあるのが特徴です。白身魚は，あっさりとした淡白な味が特徴です。
　赤身，白身にかかわらず，魚にはそれぞれ体の調子をよくする各種ビタミン・ミネラルなどたくさんの種類の栄養があるので，いろいろな種類の魚をバランスよく食べましょう。

【②魚の事典の一部】
　マグロやカツオなどは，群れを作り，広い海域を常に泳ぎ続けながら回遊しています。これに対して，タイやヒラメなどは，ふだんは余り泳ぎ回らず，獲物を捕ったり天敵から逃げたりするときに素早く動きます。
　広い海域を長時間回遊する魚は「遅筋」という筋肉が発達し，素早い動きをする魚は「速筋」という筋肉が発達します。「遅筋」にはミオグロビンというタンパク質がより多く含まれており，このタンパク質が酸素を筋肉に供給しています。

「平成26年度全国学力・学習状況調査の結果を踏まえた授業アイディア例」平成26年9月（国立教育政策研究所）より

❶問われていることをつかむ段階（S：生徒　T：教師）

　この段階は簡単に済ませがちですが，何が問われているか確実に把握させることが大事です。

- T　問いをみんなで2回音読しよう。（中学生でも大事なことは声に出して読ませるとよい。）
- T　刺身やお寿司を食べることあるよね。色の違いを気にしたことある？　どうしてこんな疑問が生まれたのだろうね？（質問をよく理解するには，内容に興味をもたせた上で，その質問が生まれた背景を推測させることが有効です。これで，課題が確実に1人ひとりのものになっていきます。）
- S　ぼくも以前に，ほとんどの刺身は海の魚なのにどうして色が違うのか気になったことがある。
- S　だから魚の種類のせいだってことくらいは予想がつくはず。
- T　どうしてマグロの刺身は赤いのだと思う？（問いに対する答えへの興味を高める。）
- S　赤いってことは血の色じゃないかな。
- S　体の大きい魚の方が赤いかも。
- T　ではそのわけは何に書いてあると思う？　ここに謎を解いてくれそうな資料が2つあります。
　資料を各自に配った後に，全員で【資料①】と【資料②】を音読する。
- T　問いに答えるときに大事なところに線を引きながらもう一度各自で読みましょう。

❷質問に答えるために必要な情報を取捨選択し，整理する段階

　この段階は，いったん記述させてみた後で，その推敲の際に生徒の必要感が生じてから行ってもよい。

- T　では，回答に関係する事柄を整理しましょうか。
- T　それでは答えてくださいね。「マグロの刺身は，タイの刺身に比べて，色が赤いのはなぜでしょう」線を引いたところを中心に，説明に必要な情報を整理していきましょう。
- S　ミオグロビンに「左右される」から。
- S　ううん…。確かにミオグロビンが原因だけどそれだけでは答えにならないなぁ。
- T　左右するって？　どういうことなの？
- S　「ミオグロビンが多ければ多いほど赤い」ってこと。
- S　そう書いたとしても「そもそもミオグロビン？何それ？」って思うはず。一般的に知られている言葉じゃないから，ミオグロビンについても説明しないと疑問が残ったままになる。
- T　ミオグロビンって何なの？
- S　酸素を貯めて筋肉に送るもの。酸素が要るからミオグロビンが要るって言わないとだめ。
- S　酸素がたくさん要るのはマグロがずっと泳いでいる魚だから，それでタイより多い。
- T　その関係を図表で整理してみよう。例えばマグロとタイを比べているのだからまず並べるといいよね。では続きを各自，書いてみよう。（簡単に図を書く。）
- T　この「←矢印」は何？
- S　「だから」ってこと。酸素が要る。だからミオグロビンが多いってこと。
- T　では，マグロとタイの関係は？　比べているのだからどんな言葉が当てはまる？
- S　比べているから「それに対して」「一方」
- T　では「完成した図」に合わせて，関係を表す言葉をうまく使いながら文章にしていこう。

❸わかりやすく質問に答える文章記述をする段階

- T　では，文章を120字程度で書いてみましょう。敬体で書きましょう。文章を直したいときは消しゴムを使わないで二重線を引いたり矢印で入れ替えたりしましょう。

　記述後，書き方の異なる2名の生徒の文章を黒板に書き，それを基に記述の仕方を検討。

2次教材その1（生徒Bの記述文章）	2次教材その2（生徒Kの記述文章）
刺身の赤色は筋肉に含まれるミオグロビンの量で決まります。それは，広い海域を長時間回遊するマグロやカツオは「遅筋」という筋肉が発達し，素早い動きをするタイやヒラメは「速筋」という筋肉が発達していて，ミオグロビンは「遅筋」に多く含まれているからです。（123字）〈特性〉 ・ミオグロビンの働きと海中での運動量との関係（筋肉への酸素の供給の必要など）がわからない。 ・ミオグロビンが赤いことが書かれていない。 ・先に結論を示すタイプ	マグロはタイと違って，群れをつくって常に泳ぎ続けているので，筋肉をよく使います。筋肉を動かすには酸素が必要です。「ミオグロビン」と呼ばれる酸素が貯蔵できるタンパク質が筋肉に多く含まれます。ミオグロビンは赤い色をしているので，マグロの刺身の方が赤いのです。（128字）〈特性〉 ・タイとの比較が明確でない。 ・余計な情報が混入している。 ・3文目が不明瞭 ・最後に結論を示すタイプ

❹グループの話合い（「遅筋」「速筋」を説明に入れるかどうか議論している場面）

- S　「遅筋」とか「速筋」とか書かないとだめなのかな。（多くの子が1回目の記述に書いていた。）
- T　最初に文章を書いたとき，ほとんどの人が書いていたんだけど，必要かな〜？　他の人はどう考える？。
- S　同じことで悩んだんだけど，入れるの，やめた。だって，刺身が赤い理由を知りたいんだから，筋肉のネーミングなんて別に関係ない。ただの知識の自慢ぽくなる。質問されたことに答えていればいい。
- S　確かにそうだ。「　」（かっこ）とかで強調してあると使わなくちゃならないような気になるんだよね〜。
- S　もっと字数が多かったら書いてもいいけど，今は，それをいれると他の大事なことが書けなくなる。
- 〜　この後，先に「ミオグロビン」を示すか，「マグロの泳ぎ方」から示すかでも議論になる（略）〜

〈生徒のワークシート例〉（①〜⑦は書き込みの順を示す）

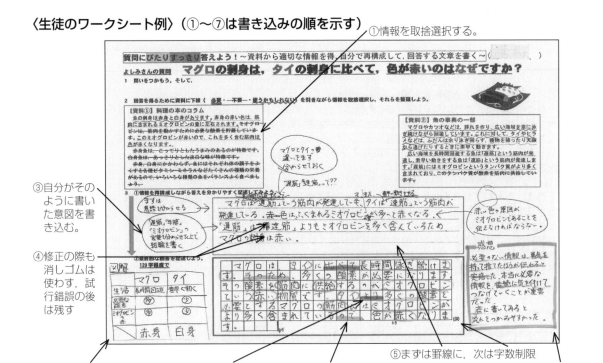

〈生徒の最終記述例〉：ふき出し内はその文章を書いた生徒自身がそう書いた意図をメタ認知したもの

原因結果の順に徐々に説き明かしていくタイプ

　マグロは常に泳ぎ続けています。一方タイはいざというときだけ動きます。そのためマグロの方がタイより多くの酸素が必要です。その酸素を筋肉に供給しているのが，ミオグロビンというタンパク質です。ミオグロビンは赤いので，それを多く含むマグロの刺身は赤いのです。（125字）【生徒S】

　直接の原因はミオグロビンだが，難しそうな物質名を先に出すよりも，マグロとタイの生活の仕方にそもそもの理由があるので，そういう簡単に分かってもらえそうなことを先に書いて，そのあとに，だから酸素がいるでしょ。だからミオグロビンがいるんだよって，順に説明していく方が親切だと思う。

ズバリ原因を示してから補足説明するタイプ

　マグロの刺身がタイの刺身より赤いのは筋肉に含まれるミオグロビンという赤いたんぱく質が多いからです。マグロは長時間回遊し続け，タイは泳ぎまわりません。そのため，マグロはタイよりも酸素が多く必要で，その酸素を貯蔵し供給するミオグロビンも多いというわけです。（125字）【生徒O】

　最初にミオグロビンを出したのは，回遊することから書くと赤い原因がハテナ？のまま，最後になってようやくわかることになるのでもやもやしてしまうと思ったから。先に原因をわからせた方が相手はすっきりして，それを頭に置きながら次の文，次の文と理解しながら安心して読み進められると思う。

　　今回の授業では，それぞれの利点を考えた上でどちらの論理の展開も認めています。

〈生徒の「学習のまとめ―学んだこと・これから生かすこと―」〉
○問いをつかみ，保持する重要性
　何が聞かれているかということを最後まで覚えているのは簡単そうで難しいです。それができていないと，質問とずれた答え方をしてしまうのだと思いました。
○問いに合わせた情報の取得と記述の心得
　物事を説明するとき，キーワードらしい言葉があると僕はすぐにそれに飛びついてしまいます（今回も）。何のために書くのかに立ち戻りながら一本筋を通して書くようにしたいです。
○情報の取捨選択とその整理
　情報の選び取りが苦手だと再認識しました。頭の中で情報が入り乱れ，あたかもそれが全部必要なものだと思い込んでしまうのです。そんなとき，表や図にすると原因と結果とかそういう流れみたいなものをすっきり整理できるとわかったので使っていこうと思います。
○文章表現の特性と記述における論理展開の工夫
　文は絵と違って順序が大切です。限られた時数の中で１回読んですっきりわかる文を書くのはとても難しいけど，考えて何回も書き直すのがおもしろかったです。ミオグロビンを最後に出すか，後に出すかは，読む相手の性格にもよるのかと思いました。

5　評価について（この単元でつけた力を発揮させる問題づくり）

次の【資料①】と【資料②】（授業で使用したものと同じ）を読んで，あとの問いに答えなさい。
１　次の中で，【資料①】や【資料②】から得られる情報を使って，答えることができる質問はどれか，すべて選び記号で答えなさい。
　　ア　白身の魚の刺身と赤身の魚の刺身とではどちらにビタミンが多いのか。
　　イ　広い海域を常に泳いでいる魚には遅筋と速筋のどちらが発達するのか。
　　ウ　回遊する魚が一時的に素早く動く魚よりこってりしているのはなぜか。
　　エ　ミオグロビンは貯蔵している酸素をどのように筋肉に供給するのか。
　　オ　速筋が発達している魚は，どのような場合に速筋を生かしているのか。
２　【資料①】や【資料②】から得られる情報を使って，「マグロの刺身が，赤いのはなぜか」という問いに的確に答える文章を書きなさい。ただし，70字以上80字以内で書くこと。また，常体で書くこと。

１　※「問い」と「答え」との関係を踏まえて情報を活用する力の定着を図ります。
　〈正答〉　イ・オ（順不同）
２　問われていることに対して過不足なく適切に答える文章を記述するために必要な以下の力の定着を図ります。誤答の生徒には，つまずきとその原因を把握し，次の指導に生かします。
　○何を書けば答えになるのか理解している。
　○必要な情報を取捨選択することができる。
　○「原因・結果」の関係性を表す論理的な表現を適切に使うことができる。
　○制限字数内に収めるため，必要な内容を落とさないで分量を調節することができる。
　○「常体」という文体の用語を理解し，適切に使い分けて書く。
　〈正答例〉
　　常に泳ぎ続けるマグロの筋肉には，酸素を貯蔵するミオグロビンというタンパク質が多く含まれる。このミオグロビンが赤いため，マグロの刺身は赤いのである。（74字）

（萩中奈穂美）

| 2年 | 読むこと | | 文学的な文章① 「走れメロス」 |

セリヌンティウスがメロスを疑ったのはいつか

	授業方式	大きな言語活動				小さな言語活動		
	課題解決学習	調査・研究	ディベート・討論	発表・報告・プレゼンテーション	朗読・群読	ペア・グループでの話合い	多様な書くこと	音読
問題発見・解決を念頭に置いた深い学び	○							○
対話的な学び	○		○			○		
見通し・振り返りによる主体的な学び	○						○	

1 単元のねらい

> 登場人物の心情の変化に着目し，主題について評論文を書くことができるようにする。

2 単元の概要と授業づくりのポイント

　「走れメロス」は，中学校２年生の定番教材で，これまでにも多くの実践報告があります。主役メロスの心情変化（「クライマックスはどこか」など）や対役王の心情変化に着目する実践は多いのですが，ここでは，脇役であるセリヌンティウスの心情変化に着目することで，アクティブ・ラーニングを位置づけた授業づくりを構想したいと考えました。

　教材を読み進めると，生徒たちから必ず出る疑問の声があります。「あれだけひどいことをした王をメロスやセリヌンティウスはなぜ仲間にするのか」「群衆が『万歳，王様万歳』と歓声を上げるのはなぜか」というものです。セリヌンティウスは物語中にほとんど登場しません。しかし，「セリヌンティウスの心情変化はメロスや王の心情変化と重なる」と気づくことで，先の疑問とつながり，主題に迫るきっかけとなります。

単元指導計画（全6時間）

第１次　本文を読み，初発の感想を書く（１時間）。
第２次　メロスと王の人物像をとらえる（２時間）。
第３次　結末について話し合い，主題についての考えをもつ（２時間）。＊本時
第４次　主題について評論文を書く（１時間）。

3 学習指導案（第3次第2時）

本時の目標：セリヌンティウスの心情変化について話し合い，主題について考えをもつ。

時間	生徒の学習活動	教師の指導・支援
1分	1 学習課題を確認する。	
	課題 セリヌンティウスがメロスを疑ったのはいつか。	
5分	2 まず個人で考える。	・課題について自分が考える箇所（一文）に線を引かせる。 ・全員が線を引いたのを確認後，ノートに根拠と理由を書かせるようにする。
5分	3 ペアで話し合い，考えを広げる。	・立場にかかわらず，隣同士で考え，その根拠と理由について話し合わせ，討論への準備とする。 ・疑問点がある場合は，積極的に問うたり聴いたりするように指示する。
25分	4 全体で考えを共有する。	・まず全員の考えを集約し，その後根拠と理由を発表させる。 ・話合いの中で争点を焦点化し，話合いがかみ合うように意見をつないだり戻したりする。考えが多数出た場合は，「刑場に到着する前か後か」に絞って話し合わせる。 ・友達の考えで納得した点をノートにメモするように指示する。
9分	5 メロスとセリヌンティウスが王を仲間にした理由について考え，共有する。	・前時の疑問と本時の課題をつなげて考えるように指示する。考えはノートに書かせる。 ・ペアと全体で話し合う場をもち，考えを広げさせたり深めさせたりする。
5分	6 学び全体を振り返る。 ・最終意見 ・考えの根拠，理由 ・主題 ・自分の考えの変容	・ノートのメモを基に，話合い全体を俯瞰させる。 ・最終の自分の立場，その根拠，理由をノートに記入させる。自分の考えの変容，広がりや深まりについても記述させる。

4 授業展開例

「走れメロス」の主題について，鶴田清司はクライマックスの分析から，次のように示しています（鶴田清司『国語教材研究の革新』明治図書，1991, pp.251-252）。

---

① 「正義の実現」「信実の証明」
② 「人間信頼」「人間不信の解消」
③ 「友情とは何か」
④ 「人間の弱さ」「自己との闘い・葛藤」「メロスの人間的成長」

重要なのは教師の読みを絶対の主題として「教える」のではなく，①～④を許容範囲としつつ，生徒が作品や他者，自己と対話しながら，作品理解（主題認識）を深めることにあります。全員に「作品の読み方」は教える必要がありますが，主題は教えられません。生徒1人ひとりが，「自分の読みをつくっていく」という立場に立って授業を展開することで，能動的な学習は生まれてくるのです。

本時までの授業の流れは次の通りです。

通読後の初発の感想では「メロスとセリヌンティウスの友情に感動した」「最後に王の心を変えたメロスはすばらしい」といったもの（鶴田の言う①③）が多く，メロスが善で王が悪という単純な対立構図として作品を読んでいる生徒がほとんどでした。

次に「メロスは真の勇者か」「王は邪知暴虐か」という課題で討論形式の話合いを行いました。この2つの課題について，生徒の意見は大きく分かれます。

メロスについては，「王を殺しに行く行動が単純すぎる」「セリヌンティウスを勝手に人質にしている」「悪い夢の描写は自分勝手すぎる」といった意見から単なる「勇者」ではないという読みをする生徒が多く出てきました。王についても，「人を信じられずに悩んでいる」「裏切られた過去がそうさせている」「心の底では信実の存在を肯定したがっている」という意見から，心底「悪」ではないのではないかという読みをする生徒が出てきました（これらについては，多くの実践報告があるので，詳細は省略します）。

こうした話合いから，様々な解釈が生まれ，「弱さを乗り越えたメロスの成長」（鶴田の言う④）という読みをする生徒が出てきました。

結末についての話合いの最中，「メロスやセリヌンティウスが王を仲間にするのはなぜか」といったつぶやきが生徒から出てきました。そこで，セリヌンティウスに着目する，本時の課題となったのです。

> 課題　セリヌンティウスがメロスを疑ったのはいつか。

まず，個人で考えさせました。考えを集約すると次のような意見が出ました。

①メロスの人質になったとき
②メロスが倒れ悪夢を見ているとき
③メロスが悪夢から立ち直り，走っているとき
④フィロストラトスがセリヌンティウスのもとへ来たとき
⑤セリヌンティウスが十字架にかけられたとき
⑥刑場に引き出され，日が沈んでいく頃

全体では，おおよそ，次のような話合いが展開されました（実際は○ページ○行というように根拠を示しながら話が進んでいますが，ここでは省略しています）。

生徒A　①だと思います。「無言でうなずき」とあり，全てを容認したと思えるのですが，実は顔に出てないだけで心の中では疑ったと思います。
（「そんなこと書いてない」「いくらなんでも早すぎる」という声が上がり，①は消える。）

生徒B　「あのかたは，あなたを信じておりました」とあります。「おりました」と過去形になっているから，フィロストラトスが会ったときは信じていたから，これより後ではないかと思います。だから刑場の場面⑤か⑥だと思います。僕もさすがに十字架に架けられたらいくら竹馬の友でも疑うと思うから。

生徒C　②です。初めに２人は「竹馬の友」と書いてあって，最後に「ちらと君を疑った」とあって，２人は通じ合っていると思うんですよ。だからメロスが倒れたころではないかと。その後，決心が固まったから「メロスは来ます」と王に言っているんです。２人は対の関係。時間帯的にここらではないかと思います。
（「あー」という声があちこちから上がる。）

教　師　「信じておりました」をどうとらえるか。刑場の前か後かで考えてみて。

生徒B　「信じておりました」は「〜た」と過去形だからここまでは信じていたけど，ここより後だと思います。

生徒D　「信じております」と違うのだからフィロストラトスに会う前だと思います。

生徒E 「刑場に引き出されても平気でいました。王様が，さんざんあのかたをからかっても，メロスは来ます，とだけ答え，強い信念を持ち続けている様子でございました」とあります。ここから，刑場の場面でも最後の方だと思う。

生徒F 刑場なら，メロスを許すというより，怒りが先に来ると思います。いくら何でも遅すぎると思う。
（この後，自分が恋人と待ち合わせ，相手がかなり遅れた場合の例があがり，「刑場の場面」⑤⑥は消えていった。）

生徒G この過去形はフィロストラトスのせりふです。「師匠のセリヌンティウスはもうすぐ死んでしまう」という思いから過去形なのではないかと思います。

生徒D こういう悪夢を見るのは，メロスが悪夢を見たときも同じですが，普通１人のときです。セリヌンティウスも刑場に引き出される前，独房などで１人でいたと思うから，そのときに葛藤があったのではないかと。それは多分メロスが悪夢を見ていたときと同じ頃で②。２人は対の関係だから。

生徒F 疑った後，「信じよう」という覚悟が決まったから，フィロストラトスに会ったときや，王にからかわれたときも毅然としていたのだと思います。

生徒D つけ加えて，だから③も違う。メロスが走っているときは，対の関係だから，セリヌンティウスの覚悟も決まっているはず。

話合いの後，最も説得力のあった意見として，②を支持する生徒が大半を占めました。

次時に単元全体の学習を振り返りながら，作品の主題について話し合い，それを基に評論文を書きました。話合いや評論文では，本時の話合いが生かされ，「メロスとセリヌンティウスは，ともに信じ合いながらも，相手を疑ってしまう。しかしそれの弱さを乗り越えることが人間としてのすばらしいところだ。だから同じような王を許し，仲間にしたのだ」「弱さを乗り越えても信じるところに本当の友情がある」といった読みをする生徒（鶴田の言う②③④）が多く見られました。

〈評論文の例（一部）〉

生徒G
「走れメロス」の主題には，「人間の弱さ」が入っていると思う。メロスとセリヌンティウスのように竹馬の友でも，約束を守ることを途中でやめたり，片方が片方を疑ってしまったりする。メロスが勇者であることを何度も繰り返し強調することで，「勇者も人間。人間は勇者でも時に折れてしまうことがある」ということを表したのかなと考えた。しか

し，人間の弱さを表す一方で，「人間どうしだからこその友情・信実」なども表していると思う。メロスとセリヌンティウスも，一度はふて腐れた根性が出たりしたが，でも，それを伝え合って，殴り合い，乗り越えて，さらによき友になる…これは「弱さ」をしっかり表した上での感動の出来事になると思う。この2人のように「弱さ」をさらけ出して友情が強くなるなら，王様もこれから弱さをさらけだしていけば信頼もでき，よい王となっていくのだと思う。最後に「顔を赤らめて」言うせりふには，そのことが表れている。

生徒D

「走れメロス」は友情と信頼だけの話だとは思わない。なぜならば，これらをテーマにするのならば，「走るメロス」という題名でもよかったはずだと思うからだ。あえて「走れメロス」としたのは何者か（語り）がメロスの肩を強く押したことがかかわっていると考える。メロスが倒れた部分の語りは，メロスの中に住む天使と悪魔なのではないか。これはメロスだけに見られたことではなく，セリヌンティウスの「たった一度だけ，ちらと君を疑った」や王の「わしの心に勝ったのだ」から，人間のよい面と悪い面，どちらも描いているのが，主要人物に見られる。つまりこの物語のテーマは「心の葛藤」というものが新しく含まれると思う。そして，3人の心の中で勝ち残ったのは「天使の心」だ。

単元全体の振り返りでは，次のような記述が見られました。

> この物語は考えてみるとすごく奥が深いものだった。授業中に出てきた「セリヌンティウスがメロスを疑ったのはいつか」というところで，「メロスが倒れたとき」というのがあったが，理由としては「仲がいいので2人同時に挫折するのではないか」というのがあった。私はこれが一番おもしろいと思った。このように，間接的にだけど，すごくつながりを感じる表現があって，すごく良いと思った。

主題は，中心人物の心情変化だけでなく，様々な観点からとらえていくことができます。小説の中心部分や主要人物だけでなく，周辺部分や脇役からでも，十分に教材の中核部分に迫ることができますし，本質的なおもしろさ，豊かさに触れられる言語活動が展開できます。授業のやり方は，多種多様であってよいのです。

（川田　英之）

| 2年 | 読むこと | 文学的な文章②「字のない葉書」|

「字のない葉書」は、どのくらい準備されたか

	授業方式	大きな言語活動				小さな言語活動		
	課題解決学習	調査・研究	ディベート・討論	発表・報告・プレゼンテーション	朗読・群読	ペア・グループでの話合い	多様な書くこと	音読
問題発見・解決を念頭に置いた深い学び						○		○
対話的な学び	○							
見通し・振り返りによる主体的な学び	○						○	

1 単元のねらい

> 人物・情景描写から人物像や心情を読み取るとともに、感想をまとめる。

2 単元の概要と授業づくりのポイント

　本単元で扱う２つの教材は、家族の深い愛情やきずなを感じ取ることができる作品であり、時代背景や家庭環境の異なる現代の中学生にとっても共感がもてる内容になっています。

　指導にあたっては、方言の魅力や描写の豊かさに着目させるとともに、登場人物の生き方、家族のきずなについて自分なりの考えをもたせるなど、読書の楽しさを味わわせましょう。

　なお、本教材「字のない葉書」では、課題解決的な学習・対話的な学びを通して読みを深め、父親の心情に迫らせます。

単元指導計画（全10時間）

第１次　「盆土産」を読み、人物・情景描写から人物像や心情を読み取る（６時間）。

第２次　「字のない葉書」を読み、筆者の父親への思いや家族のきずなについてとらえる。また、題名に込められた筆者の思いについて考える（４時間）。＊本時

3 学習指導案（第2次第3時）

本時の目標：おびただしい量の葉書を準備した父の心情を考えるとともに，家族の深い愛情やきずなに気づくことができる。

時間	生徒の学習活動	教師の指導・支援
2分	1 学習課題を確認する。	
	課題 「字のない葉書」は，どのくらい準備されたか。	
10分	2 個別学習を通して理解を深める。	・ノートに学習課題を書き出し，10分間で自分なりの考えを整理するよう指示する。 ・①根拠，②理由，③解釈（課題への答え）の順でノートに書くよう指示する。
20分	3 グループ活動を行う。 ○葉書に自分の住所と自分の名前を書いてみる。 ○意見を交流し合い，考えを深める。	・5〜6人班を組織させ，グループ活動を行うよう指示する。 ・きちょうめんな筆でとあることを念頭に置き，一点一画丁寧に書くよう助言する。 ・個別学習でノートにまとめた内容を基に，考えを交流し合うよう指示する。 ・司会，記録，発表の役割分担をさせる。 ・異なる解釈や根拠，理由の付け加えは青ペンで書き，深まった自分の考え・新たな意見の付け加えは赤ペンで記入するよう指示する。 ・記録係は発表ボードに意見の概要を整理し，まとめるよう指示する。
10分	4 全体で考えを共有する。	・発表ボードを掲示し，順番に意見交流した内容を発表させる。囲みや下線を用いて意見を関連づけたり，強調したりする。
8分	5 学習を振り返り，まとめと評価をする。	・説得力のあると感じた意見や学習を通して深まった考えを，ノートにまとめさせる。誰のどの意見かがわかるように，また，考えの変容や深まりがわかるように記述させる。

4 授業展開例

本教材は，わずか4ページの短い作品であり，わかりやすい言葉遣いとテンポのよい文章で書かれているため，一読しただけでおおよその内容をつかむことができます。そのため，一般的に以下の流れで授業が展開されてきました。

> 第1時　範読を聞く。初発の感想を書く。前半部から読み取れる父親像をまとめる。語句の意味を調べる。
> 第2時　後半部から読み取れる父親像や家族のきずなについてまとめる。筆者の父親への思いを読み取る。
> 第3時　印象に残った言動などについて自分の考えをまとめる。また，題名「字のない葉書」に込められた筆者の思いについて考える。

生徒の実態に応じて，発問や指示，ノート等の活用に違いはあるものの，私自身も最近までこの流れで授業を行ってきました。ところが，指導を重ねるにつれて，「このままではおもしろくない」と感じるようになりました。

何がおもしろくないのか。おもしろくない原因は，授業展開よりも，発問（課題）の設定にありました。すぐれた発問は，多様な読みによる価値の葛藤を生み出し，生徒の参加意欲や主体性を引き出します。また，思考の深化，表現力の育成を促します。ところが従来の私の指導法では，言葉の理解や心情の読み取りに重点が置かれており，結果的に価値葛藤や思考の深化を促すどころか，画一的な講義型の授業になっていたのです。

そこで，核となる発問（課題）を吟味し，設定することにより，アクティブ・ラーニングの授業への転換を図ることにしました。以下に紹介するのは，「1時間に1つ，小さな言語活動を」を目標に組み立てた授業の一例です。

> 課題　「字のない葉書」は，どのくらい準備されたか。

知的好奇心が刺激され，ワクワクする学習課題とまではいきませんが，生徒は興味をもって課題を見つめていました。事前に，家にある書き損じ葉書（未使用の葉書も可）をできるだけ多く持ってくるよう指示していましたので，そういうことかと納得した様子の生徒もいました。

まずは，「個別学習」のスタートです。課題（発問）を「どのくらいの枚数」としなかったのは，正確な枚数を導き出すことが目的ではないからで，実際に班活動を行う際にも，その点を確認しました。

最初は全く見当がつかず，戸惑っていた生徒も，教科書の内容を手がかりに，量を検討し始

めました。本来ならば学習課題に対する解釈（結論）から先に書かせるのですが，この課題については，手掛かりになる根拠を文章中から抜き出したり，そう考える理由を書き加えたりすることを先に行わせ，最後に解釈となる量（おおよその枚数）を記入させるようにしました。こうすることで，より現実的な解釈が導き出せると考えたからです。

　個別学習の際に生徒がノートに書き出した「根拠」は，おおよそ次の３つでした。「おびただしい葉書」，「毎日１枚ずつ」，「かさ高な葉書の束」。また，量の解釈として最も多かったのが，100枚程度でした。中には，数量だけを適当に記入している生徒がいましたが，解釈には根拠や理由が必要になることを伝え，教科書から根拠になる表現をいくつか探し出すよう助言しました。さらに，なぜそう考えるのかの理由づけが十分にできておらず，ノート記入が不十分な生徒もいましたが，この後のグループ活動で理解が深まることが期待できるので，10分間で記入を打ち切り，「グループ活動」に切り替えました。

　「グループ活動」は，５～６人の学習班で行いました。活動の流れは次の通りです。
〈グループ活動の流れ〉

---

①教師から配られた未使用の葉書（印刷したもの）に，自分の家の住所と自分の名前を書いてみる（実際にどのくらいの時間・労力がかかるのかを体験させるための補助的な活動であるので，話合いに重点を置く場合，省いてもよい）。
　※きちょうめんな筆でとあることを頭に置き，丁寧な文字で書くように助言する。
②持ち寄った葉書を実際に積み上げながら，個々の意見を交流し合う。
　※教科書からできるだけ多くの根拠を抜き出すこと。
　※当時，家族の置かれていた状況や末の娘に対する父親の思いを考慮して考えること。
　※10枚以下の枚数は切り捨てるか繰り上げるかし，きりのよい数量で検討すること。
　※意見が１つにまとまらなくても構わない。どのような意見が出たのか，メモしながら話合いを進めること。

　「グループ活動」の間は机間指導を行い，話合いを深めるための補助発問・指示を出したり，話合いメモ（発表ボード）への記録を支援したりしました。

　また，話合いを苦手とする生徒については発表順を配慮すること，記入できていない項目があっても，記入しているところを中心に必ず発言することなどを助言しました。

　さらに，「グループ討議」の目的は多様な意見の交流にあるので，必ず全員の考えを取り上げること，単純な多数決に終わらせず，少数意見であっても，必ずなぜそう考えたのかの理由について聞き合うことを指導しました。

〈話合いの主な流れ〉

①司会，記録，発表の役割分担を行った後，個々の意見を順に発表し合う。
②出された解釈，根拠を内容ごとに分類・整理する。
③疑問点や補足したい点，新たな気づきについて意見交換を行う。
④深まった考えや新たな気づきは赤ペンで，友達の意見は青ペンでノートに記録させる。
⑤記録係は発表ボードに意見の柱やポイントなどを記録する。

50枚の束　　　　　100枚の束　　　　　200枚の束

　実物の葉書を積み上げてみたり，手に持ってみたり，宛名書きをしてみたりする活動を通して，個人学習のときには気づかなかった新たな気づき，学びがあったようです。

〈「グループ活動（班活動）」で出された主な意見〉

○「おびただしい葉書」という言葉から判断して，50枚以下ではないと思う。実際に重ねてみたけど，50枚以下だと「かさ高」とは呼べないし，「毎日1枚ずつ」の言葉から考えても，1か月半くらいしかもたないから。
○最初は3か月くらいかなと思って100枚くらいにしたけど，上の妹が半年以上疎開していることから考えて，末の妹も半年くらいは疎開が続くと見ていたかなと考え直した。だから180枚近い数の葉書を準備したという意見に賛成する。これなら「おびただしい」の言葉にも合う。
○300枚とかそれ以上の意見があるけど，戦争中の物資が十分にない時代なので，それほど多くの葉書は準備できなかったと思う。父親の気持ちとしてはできるだけたくさん持たせたかったと思うけど，持って行く重さも考えて，せいぜい200枚までかなと思った。200枚だったとしても，1枚1枚宛名を書くのは大変だったと思う。
○「まもなくバツの葉書も来なくなった。」「三月目に母が迎えに行ったとき」という表現から判断して100枚程度と考えた。3か月分くらいの葉書は持たせていた，それなのにバツの葉書すら届かなくなったから，不安に耐えかねて3か月目に安否を確認しに行った，と考えたら自然な気がしたから。ただ，100枚の葉書の束は，「かさ高」ではあるけど，「おびただしい」と表現できるかどうかはあいまいだと思う。

「グループ活動」のまとめは、全体で行いました。班で出された意見のポイントが発表ボードに記録されていますので、それを掲示し、順に発表させました。その際、同じ意見を同色のペンで囲んだり、異なる考えに下線をつけたりして、見やすく整理しました。こうすることにより、聞き取るだけでは理解しづらい生徒も意見の概要をつかむことができ、その後の振り返りが行いやすくなります。

　授業の最後は、学習の「振り返り」です。本授業では、活動を通して深まった考えを文章にまとめることにより、学習の「振り返り」をしました。

　「学習を通して深まった考えを文章にまとめます。個別学習のときと比べて、自分の考えがどのように変化したり深まったりしたのか、流れがわかるようにまとめましょう。また、誰の意見かがわかる場合は、その人の名前も一緒に書きましょう」と指示しました。

> ○Aさんは班での話合いのとき、300枚以上という意見を否定していたけど、私もこの数については現実的でないと思う。重ねた葉書を手で持ってみたけど、200枚を超えるとすごく重くなるので、小学校1年生の子供がリュックに背負っていく量としてはふさわしくない。それと、幼く不憫だという理由で手放さなかった小学校1年生の娘を、1年近く疎開させるつもりはなかったと思う。空襲が落ち着いたらすぐに迎えに行くから、それまで元気でいてほしいと、100枚～200枚程度の葉書を持たせたというのが一番納得できる考え方だと思った。それにしても、1枚宛名を書くだけでも大変なのに、200枚となるとかなり時間もかかったと思うので、それだけ妹のことを心配していたのだとわかった。

　以上が授業の概要です。今回紹介した学習課題、「字のない葉書」は、どのくらい準備されたかは、受け身の授業を能動的な授業に変えるための1つの工夫として考え出したものです。

　「葉書の量を問う」なんて少し乱暴に思われるかもしれませんが、この問いへの解釈を求めて、生徒は様々な角度から思考したり、話し合ったりするようになります。また、根拠になる言葉を探し出そうと、教科書とじっくり向き合うようになります。だとすれば、課題が不適当だとはあながち言えないかもしれません。

　なお、本教材の第4時では、以下の課題を設定して対話的な学びを進めることもできます。

> **課題** 筆者が、自分宛の「手紙」ではなく、「字のない葉書」を題名にしたのはなぜか。

　戦争という厳しい社会状況の中で離ればなれになった家族を深い愛情ときずなで結びつけた「字のない葉書」。末の妹から届くマルやバツの葉書から、家族は言葉よりも多くの感情を読み取り、一喜一憂したことでしょう。この問いをきっかけに、こうした家族の心情やきずなに迫ることができれば、本教材の目標は達成できたと言えます。

（西山佳代子）

2年 | 読むこと | 説明的な文章「モアイは語る――地球の未来」

筆者の論証の仕方に納得するか

授業方式	大きな言語活動				小さな言語活動		
課題解決学習	調査・研究	ディベート・討論	発表・報告・プレゼンテーション	朗読・群読	ペア・グループでの話合い	多様な書くこと	音読
問題発見・解決を念頭に置いた深い学び							●
対話的な学び ●		●			●		
見通し・振り返りによる主体的な学び ●						●	

1 単元のねらい

筆者の論証の仕方について，根拠を基に，意見文を書くことができるようにする。

2 単元の概要と授業づくりのポイント

　文章を鵜呑みにせず，批判的に読むことの重要性が盛んに言われています。しかし，批判的に読むというのは難しいスキルです。特に，教科書に載っている文章や著名な筆者の文章などは，レトリックや構成のうまさ，あるいは著者名に惑わされ，よく吟味もせずに無条件に信じてしまいがちです。この「モアイは語る」の文章でも，初発の段階で，「納得する」と答えたのは，40名中30名，「納得しない」9名，「わからない」1名です。その上，納得しないと答えた生徒のうち3名は，根拠はないけれど感情的に納得しないと答えています。そうではなく，文章を吟味・検討した上で「納得する」「納得しない」を自分で判断し，その考えをきちんと他者に伝えることのできる生徒を育てたいと考えます。

　本単元では論証の仕方を吟味します。考えの根拠や具体例，文章の構成や展開，文末表現や言葉の用い方など書き方に注目して，その論証に納得するかしないかを考えさせます。その中で，説得力のある書き方についても実感的に理解でき，「読むこと」だけでなく，「書くこと」のスキル習得にもつながると考えました。

単元指導計画（全5時間）

第1次　本文を読み，筆者の論証の仕方に対する自分の考えをもつ（1時間）。
第2次　文章中の4つの論証を比較し，根拠として一番説得力のあるものを考える（1時間）。
第3次　「イースター島にはなぜ森林がないのか」（東京書籍，小6）とを比較し，共通点・相違点を読み取る（1時間）。
第4次　イースター島と地球を類比して論じている筆者の論証が正しいかどうかを考える（1時間）。＊本時
第5次　これまでの学習を踏まえ，筆者の論証の仕方についての批評文を書く（1時間）。

3　学習指導案（第4次）

本時の目標：イースター島と地球を類比して論じている筆者の論証について正しいかどうか，根拠を基に話し合い，考えを広げたり深めたりする。

時間	生徒の学習活動	教師の指導・支援
1分	1　学習課題を確認する。	
	課題　イースター島と地球を類比して論じている筆者の論証は正しいか。	
10分	2　4人組小集団で話し合い，考えを広げる。	・「その先に待っているのはイースター島と同じ飢餓地獄である」という論証は正しいかについて自分の意見を交流する。 ・4人組小集団で，根拠や理由について話し合わせる。 ・根拠や考えの付け加えは，ノートに赤色でメモするように指示する。
20分	3　全体で考えを共有する。	・まず全員の考えを集約し，その後根拠と理由を発表させる。 ・話合いの中で争点を焦点化し，話合いがかみ合うように意見をつないだり戻したりする。 ・地球とイースター島との共通点は「飢餓地獄」という点で重要であるかどうか，地球とイースター島の相違点のうち重要なものはないかを考えさせる。
15分	4　筆者が「ラット」について記述していない理由について意見を交流する。	・森林破壊の大きな原因であるラットについて，なぜ筆者はあえて書かなかったのか理由を考えさせる。 ・まず，4人組の小集団で話し合い，全体で共有する。
4分	5　本時の振り返りを記述し，交流する。（4人組）	・ノートのメモを基に，話合い全体を俯瞰させる。 ・最終の自分の立場とその根拠，理由をノートに記入させる。自分の考えの変容，広がりや深まりについても記述させる。

4 授業展開例

本時までの授業の流れは次の通りです。

初読後,「筆者の論証の仕方に納得できるか」という視点で自分の意見を書きました。これが,単元を貫く課題になります。次に,問いとその答えが書かれてある部分を見つけ出し,それらの小さな論証のうち,最も説得力のある論証はどれかということを考えさせました。その中で,文末表現や考えの根拠や具体例の妥当性に注目させることができます。授業では,3段落の「絶海の孤島の巨像を作ったのは誰か」,8・9段落の「モアイが作られた時代,モアイの運搬に必要な木材は存在したのだろうか」の論証の2つがあがりました。根拠が明確である,順序立てて述べられている(3・9段落),人物名まで述べられているので信用性が増す(9段落)というのが主な意見でした。第3次では,「イースター島にはなぜ森林がないのか」(東京書籍,小6)を読み,本文との共通点と相違点をあげさせました。共通点から「モアイは語る」の文章で書かれていることは間違いではなかったと確認する一方で,ラットの記述がないという違いに驚いていました。第4次では,「地球も同じである」という一文を取り上げ,次の課題を出しました。

> **課題** イースター島と地球を類比して論じている筆者の論証は正しいか。

このように問うと,指示しなくても生徒たちは本文を熟読します。イースター島と地球は本当に類似しているのか,どのような点で似ていると筆者は言い,本当にそう言えるのか,ということを確かめながら読んでいきます。まず個人で考え,その後クラス全体で意見を共有し,それらを検討していきます。おおよそ,次のような意見が出ました。

〈「正しい」派の意見〉
○イースター島では「人口は百年ごとに2倍ずつ増加」している。現在の地球では「異常な人口爆発」が起きており,その点で類似している。
○イースター島は周りに島もなく「絶海の孤島」と言われるのと同じように,地球も「広大な宇宙という漆黒の海に浮かぶ青い生命の星」というように,宇宙で生命体があるのは地球だけで,他の星から食料を運んでくることができないことが似ている。
○現在の地球でも,森林伐採が問題視されており,イースター島と同じように食料不足に陥ることが予想できる。

〈「正しくない」派の意見〉
○イースター島と地球では規模が違う。小さなイースター島と大きな地球が似ているということ自体に無理がある。
○イースター島が滅んだときと,現在の地球では技術力が違う。

○現在の地球では人々が持続可能な社会をつくろうと努力している。
○現在,モアイは作られていない。
○「イースター島にはなぜ森林がないのか」によると,イースター島の森林破壊の大きな原因はラットだとあったが,現在の地球ではラットは繁殖していない。

　生徒たちの議論が白熱してくると,「イースター島の人々は他の島へ脱出できなかったけれど,現在では宇宙で住んだり,野菜を育てたりができるような研究も進んでいる」というようなことを話し始め,類比の妥当性の検討という点からはかけ離れた,現在の技術力についての議論になりがちです。「食料生産に関しての革命的な技術革新がないかぎり」という表現に注目させ,技術力についての話は切り上げます。
　そこで,次の発問をして焦点化します。

> **発問**　筆者が「ラット」について記述していないのはなぜか。

　まず4人組で話し合います。いきなり話合いに入るのが難しい場合は(意見を述べる生徒が限られている等),個人の意見をノートに記述させてから話合いに入ってもよいと思います。4人組の話合いの後,全体で共有します。
　4人組では,次のような話合いが展開されました。

生徒A　筆者はラットの存在を知らなかったんちゃうかな。(笑)
生徒B　それはない,ない。(笑)　J・フレンリー教授とあんなにイースター島のこと研究してるのに,知らんとかありえん。説得力ないわ。
生徒A　まぁ,そうやろうなぁ。(笑)
生徒C　私は,わざと書かなかったと思う。書いたら,イースター島と地球が同じとは言えないようになってしまうから。
生徒A　どういうこと?
生徒C　もし書いてしまったら,矛盾するやん。「地球も同じである」と書いているのに,地球にはラットみたいな動物…ラットみたいに繁殖して,木の実を食べ尽くす動物がいないことが読者にわかってしまう。
生徒B　そうそう,僕も同じ意見。不利なことは書かないみたいな。
生徒C　まぁ,そんな感じ。Dは? どんな意見?
生徒D　私は,筆者の言いたいことにラットは関係ないから書

かなかったと思う。
生徒B　関係ないって？
生徒D　筆者が言いたいのは，20段落にあるように「今あるこの有限の資源をできるだけ効率よく，長期にわたって利用する方法を考えな」いかんということだから，ラットが木の実を食べ尽くすとかは関係ないから書かなかった…。
生徒B　もう1回言って。
生徒D　だから，「イースター島にはなぜ森林がないのか」の方は，森林がない理由を書かないといけないけど，「モアイ…」の方は，資源の長期利用を言いたいから，ラットが実を食べたことではなくて，人間がどう資源を使うかが大事ということ。

　全体で共有した後，本時の振り返りを記述させます。そのときに，「筆者の論証の仕方に納得するか」という視点で書かせていきます。森林破壊の大きな原因であるラットについて書いていないことをどう評価するかは個人によって変わります。第5次ではこの振り返りやノートのメモ等を基に批評文を書きます。

〈批評文の例（一部）〉

生徒D
　筆者の論証の仕方に納得します。（中略）
　ラットの存在について書かなかったのはなぜか考えてみました。題名からまず，考えてみました。「イースター島にはなぜ森林がないのか」という方では，「イースター島に森林がない理由を述べているのではと考えました。それに対して「モアイは語る」ではイースター島の通った歴史と今の地球とを比較しようとしています。ラットの存在は「森林がなくなった理由」としては必要ですが，「地球とイースター島を比べる根拠としてはあまり必要がないと思います。だからややこしくないようにラットのことを書かなかったのではないかと考えます。友達の意見では，今の地球とイースター島を比べるということにおいて，ラットの存在を書いてしまうとお互いで条件が変わってきてしまうからではないかというのがありました。たしかに，理科の対照実験では固定変数（そろえる条件）がないと，実験結果に確信がもてず，説得力もありません。それと同じように筆者は地球とイースター島の条件をそろえるためにラットについて書かなかったというのもありえると思います。このようなことから，ラットの存在について書かなかったことにも納得することができました。これに対して納得できないところもある，という意見もありました。ラットについて書いてないので，森林を破壊したのは人間だけのせいみたいになってしまうのではないか，ということです。たしかにラットが存在していたかどうかでイースター島の森林がなくなってしまった原因が変わってきてしまいます。でも，11段落で，だんだんと森が消滅していったことが書かれていて，15段落で森の消滅によってイースター島の文明は崩壊し

> たと書かれています。そのすぐ後に16段落の「イースター島の…無縁なことではない」というのがあることから，筆者は森林がなくなったことと今の地球を比べたかったんだと思います。だからラットの存在は筆者の論にはなくていいものだと思います。

　批評文は，これまでの授業の振り返りを基に，自分で項目を立てて書かせました。書くことで自分の考えも整理できますし，新たな気づきが生み出されることもあります。友達の意見で納得できるものを取り入れたり，そのときは反論できなかった意見に改めて反論したりしながら書き進めます。一度話し合っていることなのでどの生徒も書くことができました。

　単元全体の振り返りには，次のように書かれていました。

〈振り返りの例〉

> 生徒E
> 　私はこの説明文を最初に読んだときから今まで自分の意見は変わらなかった。しかし，説明文に対する見方や考え方は大きく変わったと思う。私は最初，「花粉の分析などの実際の結果から，様々な考察をして結論に結びつけているので，とても説得力があるなぁ」と思っていた。しかし，「なぜこの資料を選んだのか」「この情報は本当に必要か」などと，少し批判的に文章を見ることも，考えを深める上で重要なことなのだと思った。たとえば，「この具体的な数字は言う必要がないのではないか」と思うこともあったが，実際にそれくらいの具体的な数値を出すことで，今と対比してどれくらい変化しているかをより深く感じた。筆者が説明している全ての一文一文が全体を構成する要素としての意味をもち，次の文へとつながっているので驚いた。
> 生徒F
> 　自分が普段考えたことを書いたり，話したりするときに意見だけを言って重要な根拠や理由が全く述べられていないことがあるので，気をつけたい。この文章を読んで，根拠がはっきり書いてある方が説得力があると思った。何か似ているものと比べたり，たとえたりすることもわかりやすいと思ったので，自分が何かを書くときにも使ってみたい。

　今回の単元は「読むこと」のスキルを高めるためのものでしたが，生徒Fのように，「書くこと」につなげた振り返りを書く生徒もいました。どのような書き方をした方がより説得力があるかということを実感できたのだと思います。

（大西小百合）

| 2年 | 古典 | 「徒然草・神無月のころ」 |

兼好法師のものの見方・考え方から兼好像に迫っていこう

	授業方式	大きな言語活動				小さな言語活動		
	課題解決学習	調査・研究	ディベート・討論	発表・報告・プレゼンテーション	朗読・群読	ペア・グループでの話合い	多様な書くこと	音読
問題発見・解決を念頭に置いた深い学び	○					○		○
対話的な学び	○						○	
見通し・振り返りによる主体的な学び	○							

1 単元のねらい

「徒然草」を音読するなどして読み味わうとともに、本文の内容を理解し、兼好法師の思いを豊かに想像することを通して、人間に対するものの見方・考え方を深めることができるようにする。

2 単元の概要と授業づくりのポイント

「兼好法師のものの見方・考え方から兼好像に迫っていこう」という単元を貫く課題を設定しました。教材として取り上げた章段は「序段」、「仁和寺にある法師」、「神無月のころ」の3つです。内容的には全く違うものですが、兼好法師の人生観・世界観がうかがえるものです。まず、1つひとつの章段を声に出して音読することからはじめます。その後、兼好法師が抱いた思いを生徒1人ひとりに想像させます。そして、その思いに対する生徒自身の感想や意見を相互交流させる対話を仕組みました。さらに兼好法師の感想と比較することを通して、自分のものの見方・考え方を深めていきます。

単元指導計画（全5時間）

第1次 「徒然草」の紹介・序段の読解（1時間）
第2次 「仁和寺にある法師」の読解（2時間）
第3次 「神無月のころ」の読解（1時間）＊本時
第4次 単元の振り返り（1時間）

3 学習指導案（第3次）

本時の目標：兼好法師の思いを想像し，自分の考えと比較することを通して，人間に対するものの見方・考え方を深めることができる。

時間	生徒の学習活動	教師の指導・支援
5分	1 前時の「振り返り」 2 課題の提示	・「仁和寺にある法師」の兼好の見方・考え方を振り返る。
	課題　兼好法師のものの見方・考え方から兼好像に迫っていこう。	
5分	3 「神無月のころ」の音読 　・教師の音読 　・生徒相互の音読	・歴史的仮名遣い等をわかりやすく音読する。 ・ペアで読み合った後に互いに言葉をかけ合うよう指示する。
10分	4 「神無月のころ」の読解 　・兼好がどこへ行き 　・何を見て 　・どう思っているのか	・懸樋，閼伽棚等は映像で理解を促す。 ・生徒に問いかけながら文章を理解させていく。
10分	5 結末の想像	
	発問1　兼好法師は結末で，どんな感想を述べていると思いますか。	
	・自分の「意見シート」に記入する。 ・意見を発表する。 ・意見の分類・整理を行う。	・生徒が多様な意見を表出するように促していく。 ・生徒の意見の共通点や相違点を整理していく。
15分	6 兼好法師の言葉との比較	
	発問2　なぜ，兼好法師は「この木なからましかば」と書いたのでしょうか。	
	・自分の意見をワークシートに記入する。 ・隣の生徒や周囲の生徒と相談する。 ・兼好のものの見方・考え方について全員で考察する。	・兼好法師の言葉と比較し検討することによって兼好の人間に対する見方・考え方を引き出していく。
5分	7 本時の「振り返り」	・今日の授業でわかったことや自分の見方・考え方が深まったところをワークシートに綴らせていく。

4 授業展開

❶前時までの学習

　生徒は前時までの学習において，各章段で述べられた事柄から兼好法師のものの見方・考え方を追究しています。

　「序段」では，兼好法師について「手もちぶさたで退屈な日々を送っている法師」というとらえ方をしている生徒が多く，あまり魅力を感じていないようでした。一方で「一見，退屈そうにしているけれど，世の中のことを鋭く考えているような人物」という思いを抱いている生徒もいました。

　「仁和寺にある法師」では，「仁和寺の法師」の失敗談を理解する一方で，「少しのことにも，先達はあらまほしきことなり」という兼好法師の感想について「なぜ，きちんと調べて行きなさい」とはっきり言っていないのか疑問をもちました。兼好法師のものの見方・考え方に関心を抱き始めたのです。

　また，徒然草は，兼好が見聞きした出来事を述べた後に，結末として自らの考えや主張を述べるという表現形式をとっていることも理解しました。話の内容面だけでなく，書きぶりという形式面にも関心を抱き始めました。

❷本時の課題追究

　まず，これまでの学びを振り返ってみます。「兼好法師はちょっと違った見方で物事をとらえる人物」ではないかということをさりげなく意識させます。

　本時で取り上げる「神無月のころ」は教科書には掲載していません。「神無月のころ」を読み，「兼好法師の人物像に迫っていこう」という学習課題を提示し，本時の学習のねらいを生徒にはっきりともたせます。読解に必要な知識はプロジェクター等を活用して映像として提示し，なるべく生徒の対話の時間を確保するよう工夫しました。

〈兼好法師の感想を想像する〉

> 発問1　兼好は結末で，どんな感想を述べていると思いますか。

　教材の中にある結末の兼好法師の感想を生徒たちに想像させ，周りと意見を交流する活動を前半部分の主な活動としました。その際，「意見メモ」に自分の想像した意見を書いて周囲と交換させました。そうすることで全員が意見をもって学習に参加することができます。

　生徒は前半の風情のある景色やしみじみとした思いを抱いている兼好法師の様子をイメージしています。そして，後半は柑子の木に囲いがしてあることから，兼好法師が少しがっかりした様子を思い浮かべました。そのような文脈に沿いながら生徒は，次のような意見を表出しま

した。
・こんな囲いなどいらない。
・囲いをとってしまおう。
・囲いがしてあったら柑子が食べられないじゃないか。
・囲いはこの景色に合わない。
・この家の主人はケチだなぁ。

　生徒は自分なりの根拠を述べながら意見を発表していきます。それらの意見を分類すると，囲いの存在そのものに着目した感想，囲いによる景色の変化についての感想，囲いをつくった主人に着目した感想の3つに分けられました。
　兼好法師の感想を様々に想像したのですが，柑子の木に着目した生徒はだれもいませんでした。そこで，兼好法師の「この木なからましかば」という感想を生徒に提示しました。すると兼好法師の意外な感想に戸惑う様子の生徒たち。続けて「なぜ，『この木なからましかば』と書いたのか」と問いを投げかけます。

〈原文の兼好法師の感想を考察する〉

> **発問2**　なぜ，兼好は「この木なからましかば」と書いたのでしょうか。

　しばらく沈黙が続きます。本時の授業で生徒が最も考えている場面です。
　「ちょっと隣の人に聞いてみよう」と話合いを促します。
　なかなか考えが浮かんできません。私は，もう一度生徒たちが想像した兼好法師の感想に立ち戻らせました。
　「この家の主人はケチだなぁ」と表出した意見に着目してみたのです。
　「こう思った根拠は何でしょうか」この家の主人に対して，どのような感じを抱くかイメージさせてみました。
　あまりよいイメージはもてないと言いました。
　「どうして，ちょっと周りと話し合ってみようよ」だんだんと話合いが活性化してきます。生徒たちはよくないイメージの基になっているものは囲いであり，囲いを作った基になったものは採られまいとする欲であり，その欲を起こさせているものが柑子の木であることを見出しました。
　そして，「このような感想を書いた兼好法師という人はどのような人物だと思いますか」とワークシートに綴らせていきました。生徒は兼好法師について，人間というものを深く考えることができる人物，人間の本性がわかる人物，相手に対して心が広く優しい人物などという人物像を紡ぎだしました。

〈兼好法師の人物像に迫る〉
　授業の終末では，以下のようなことをワークシートに綴っています。
・兼好法師は人間のことがよくわかっていて，優しい人ということがわかりました。「神無月のころ」を学べてよかったと思います。
・兼好法師は欲があることを否定するのではなく，欲が丸出しなのがいやだと思ったのだと思います。人の意見と自分の意見が違っていて考えの幅が広がりました。
・兼好法師は，人のことを悪く言わずにその基になっているものをなくせばいいというところがすごいと思いました。
・兼好法師は頭がはたらく人で，おもしろい感想を書くんだなぁと思いました。なぜ，この木がなかったらよかったのか，よくよく考えるとそうだなぁと思いました。
・兼好法師は根本的な理由を述べる人だなと思いました。僕も「なるほど，そうなのか」と思います。とても共感できました。
・兼好法師は柵がいらないと小さいことを言わないで，木自体がいらないと言って思いもよらないことを投げかけていてすごく考えさせられました。友達のいろいろな意見があってとても楽しい授業でした。
・今日は，みんなの意見がたくさん聞けて，とても楽しかったです。兼好法師は僕の考えていたことと全く違うことを考えていたのですごいです。

❸授業を振り返って
〈生徒の意見が交流するような小さな言語活動について〉
　「思考力・判断力・表現力等」を育むためには，授業で教材の言葉（ここでは兼好法師の言葉），教師や仲間の言葉，自己の言葉と向き合い，その言葉に触発されたり，それを生かしたりする体験（言語活動）を仕組むことが不可欠だと思います。
　本時においては，「神無月のころ」の終末の兼好法師の感想を想像し，意見を交流させる言語活動と兼好法師が書いた感想を考察する言語活動があげられます。それらの活動を1人思考，少人数思考，全体思考と広げていきました。

〈ICTの活用について〉
　古典教材においては，古文ということばそのもの

意見シートを使った交流

パワーポイントの画像提示

の障壁や古典の世界の中にしか登場しない事物の障壁があり，どうしても説明が長くなってしまいます。

したがって「言語活動に取り組んでいる時間はない」という意見もあるでしょう。

本時の授業でも，「庵」「懸樋」「閼伽棚」などはことばで理解することは難しいと思われます。そこでパワーポイントによるスライド映像として提示することによって，生徒のイメージ化の手助けを図りました。こうすることによって生徒の考える時間が確保されると思います。したがってICTの活用は大変効果的と言えます。

思考力・判断力・表現力を育むためには思考・判断・表現せざるを得ないような題材や問い，学習場面を設定して取り組ませなければならないと思います。授業の「仕掛け」が必要です。そのためのツールとして，生徒が自然に「言語活動」に取り組むことがよいと思います。その「言語活動」も「大きな言語活動」よりも「ちょっとした交流」「隣の人とちょっと相談」という「小さな言語活動」を積み重ねていくことが有効だと感じています。

古典教材は，入門期においては，「音読や朗読」「○○づくり」といった活動中心，3年時では，現代語訳を核とした読解中心の授業になることが多いようです。

私は教材の言葉に向き合い，想像力や思考力を駆使して仲間や教師とかかわり合いながら言葉の力を身につけていく授業を目指しています。生徒の感想にあるように，「みんなで考えることが楽しかった」「みんなの意見が聞けてよかった」という思いを抱き，仲間とともに学び合うことの喜びを感じることができる授業が「能動的で主体的な国語の学び」につながる授業だと考えます。

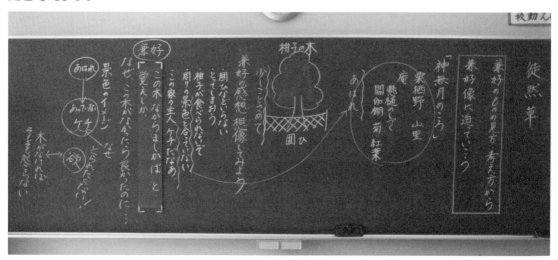

本時の板書

（廣中　淳）

3年　話すこと・聞くこと　「ネット時代のコペルニクス」

「図書館とインターネット」ディベートをしよう

授業方式	大きな言語活動				小さな言語活動		
課題解決学習	調査・研究	ディベート・討論	発表・報告・プレゼンテーション	朗読・群読	ペア・グループでの話合い	多様な書くこと	音読
問題発見・解決を念頭に置いた深い学び		○			○		
対話的な学び	○		○			○		
見通し・振り返りによる主体的な学び								

1 単元のねらい

「原因・理由」を明確にして,「推理・推論」を行い,自分の考えと「比較」させる。筆者の主張を読み取り,抽象的な語句の使い方を学ぶ。

2 単元の概要と授業づくりのポイント

　この単元の学習の焦点は,筆者の主張を読み取って自分の考えをもつこと,本文中の抽象的な語句や文脈の中で独特の意味を託された語句の使い方を学び取ることにあります。

　単元の学習後に,筆者の主張を確認した上で,情報化社会に対する自分の考えを,本文の語句を使いながら文章に表します。そのための前段階として,インターネットの利用について自分の考えを予めもち,その考えを基にディベートを行います。様々な考え方を知り,自分の考えを深めます。また,インターネットの利用に対する知識を身につけ,抽象的な語句が多用されている本文の内容にも抵抗感をもつことなく読み取るための手立てとします。

単元指導計画（全7時間）

第1次　「図書館の利用とインターネットの利用」それぞれの長所短所をまとめ,テーマに対して,根拠を示し,自分の意見文を書き,グループで意見交流する（1時間）。

第2次　ディベートについてのルールの確認を行い,4人グループでワークシート,タブレット,PC等を使い,ディベートの準備（役割分担・情報収集・立論・質問を考える）を行う（2時間）。

第3次　論題「調べ物は図書館の利用がいいか,インターネットの利用がいいか？」で図書館派とインターネット派に分かれてディベートを行う（4時間）。＊本時

※1時間につき1つのディベート（2グループ）×4回。1回のディベートで費やす時間は約40分。十分な準備時間（2時間）が確保できない場合は1時間で2つのディベート（20分×2）を行うことも可能。

3 学習指導案(第3次第2時)

本時の目標:「原因・理由」を明確にして,「推理・推論」を行い,自分の考えと「比較」させる。

時間	生徒の学習活動	教師の指導・支援
3分	1 前時の復習をする。	・前回のディベートの反省点や課題を確認し,より質の高いディベートとなるよう促す。
	論題　調べ物は図書館の利用がいいか,インターネットの利用がいいか。	
40分	2 司会・図書館派・インターネット派・聴衆に分かれ,ディベートを開始する。 　図書館派立論(3分) 　作戦タイム(2分) 　インターネット派質問(4分) 　インターネット派立論(3分) 　作戦タイム(2分) 　図書館派質問(4分) 　インターネット派反駁(4分) 　図書館派反駁(4分) 　作戦タイム(4分) 　インターネット派最終弁論 　　　　　　　　　(3分) 　図書館派最終弁論(3分) 　判定	・質問が出にくいときなどは,アドバイスを行い,ディベートが活発になるよう促す。 ・司会者にはシナリオに沿って進行させるだけでなく,質問が出にくい場合は「○○についてはいかがですか?」と質問をするよう促す。 ・聴衆には自分の考えと「比較」させるために,メモ用紙にメモをとるように指示する。
5分	3 本時のディベートについての感想を書く。	・ディベートがよかった,悪かったという点ではなく自分の考えと「比較」して,共感できた部分や疑問に思った部分など,明確にさせる。また,自分の考えに変化があれば,それについても書かせる。
2分	4 本時の学習を振り返る。	・ディベートの内容を振り返り,次回のディベートの質を高めるため,反省点をまとめる。

4 授業展開例

第2次で準備したワークシートを活用し，ディベートを行います。

※ワークシートは6枚使用しました。

〈立論用ワークシート〉

- インターネットや図書館，アンケート調査等で根拠の収集をさせる。
- メリット，デメリットについて根拠を基に考え，立論を作成させる。
- 引用したものは「〇〇」から引用と明記させる。

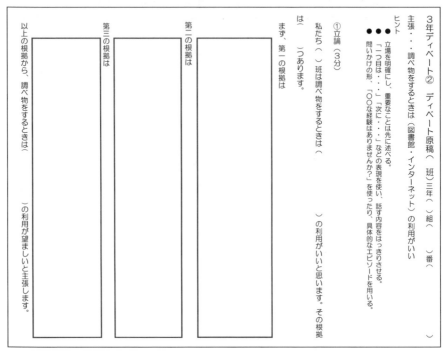

〈質問用ワークシート〉

- 相手の立論の根拠を予想し，質問を考えさせる。
- 第1次で作った作文等を利用させ，それぞれのメリット，デメリットを考え，相手が困るような質問を作成させる。
- 「はい・いいえ」で答えられるような質問ではなく，討論が活発になるような質問を考えさせる。

〈解答用ワークシート〉

- 相手からの質問を予想し，解答を用意させる。
- 自分たちが聞かれると困るような質問を考えさせておくと，ディベートがスムーズに進行する。

〈最終弁論用ワークシート〉
・ディベート中のメモを頼りに作戦タイムのときに作成させる。
・そのディベートの中で論点となった，自分たちの根拠を強める部分と相手の矛盾点などをまとめ，メリット，デメリットがわかるようにさせる。
　※体裁にこだわらず，生徒が話しやすいようなメモになっても構いません。

〈ディベートメモ用紙〉
・自分の考えと「比較」するために使用。
・箇条書きや，記号を使用させ，書くことで精一杯にならないよう指導する。
・最終弁論用の資料になるものなので，しっかりメモをとらせる。

〈判定用紙〉
・ディベート判定時，感想記入時に使用。
・生徒が判定しやすいように，項目を設定しておく。

ディベート判定用紙　判定者				
3年　組　番　名前（　　　　　　　）			司会	
論題　調べ物は図書館の利用がいいか，インターネットの利用がいいか。				
図書館派		班	インターネット派	班
	評価基準		図書館派	インターネット派
立論	1	筋道は通っているか		
	2	言葉ははっきりしているか		
	3	表情や態度は生き生きしているか		
質問	4	筋道を立てて質問したか		
	5	筋道を立てて応答したか		
最終弁論	6	筋道は通っているか		
	7	言葉ははっきりしているか		
	8	表情や態度は生き生きしているか		
データ	9	資料は十分用意しているか		
	10	資料は十分分析できているか		
協力	11	班で協力できていたか		
	12	班全員が均等に発言したか		
合計	1～12の〇の合計数			
感想				

☆評価はどちらがよかったかを〇で判定すること。

そして，本時では論題「調べ物は図書館の利用がいいか，インターネットの利用がいいか？」で図書館派とインターネット派に分かれてディベートを行いました。
　※1回のディベートで費やす時間は約40分。その後，感想・評価をワークシートに記入し，次のグループへのディベートの課題を確認しました。また，生徒の実態に応じて，反駁を行わずに質問→解答の時間を8分に設定して，ディベートを単純化するなど，生徒が発言しやすいシステムにするといいでしょう。
　※2年生のときに「走れメロス」を題材に一度ディベートを行っているため，ディベートについての知識やルール等の確認は簡単に済ませています。実際のディベートの映像を見せるのが一番生徒にとってイメージしやすいです。
　司会の生徒主導でディベートを行いました。

論題　調べ物は図書館の利用がいいか，インターネットの利用がいいか。

生徒司会者　最初に「図書館」派の立論をお願いします。
図書館派　調べ物に図書館の利用がいい根拠は3つあります。1つ目は絶版物などの古い情報が得られるということです。インターネットでは不可能なものもあります。2つ目はインターネットの情報が信憑性に欠けるのに対して，図書館の書物から得られる情報には間違いがないことです。3つ目は，同じ分野の何種類もの本を読むことで，知識を身につけることができることです。インターネットの情報はまとめられ過ぎているため，詳しく知ることはできません。
生徒司会者　では，インターネット派は図書館派に質問してください。
インターネット派　図書館の書物に間違いがないと言える理由を述べてください。
図書館派　はい，図書館の多数の本を読み比べることで，信憑性は得られるので，図書館の書物に間違いはありません。
インターネット派　<u>インターネットでも情報の見比べは可能だと思いますが，情報の正誤の判断はどうするのでしょう？</u>
図書館派　インターネットは情報量が多すぎるのに対し，本は読み比べることで，内容の比較ができます。
インターネット派　3つ目の根拠で，インターネットの情報はまとめられ過ぎている，と言っていましたが，情報がまとめられていなければ，間違った情報も入ってくるのではありませんか？
図書館派　確かに，書物にも間違いはあります。しかし，違いを読み比べ，共通した情報を切り取ればいいと思います。
インターネット派　<u>それでは，2つ目の根拠が成立しないのでは？</u>

生徒司会者	時間です。それでは，インターネット派は立論をしてください。
インターネット派	調べ物にインターネットがいい根拠は３つあります。１つ目は，タブレット等端末を使う機会が増えており，動画等，本では調べられないものを詳しく調べることができることです。２つ目は，実際，学校でも調べ物は図書室よりもPCやインターネット，タブレットを使っています。<u>また，淡路市も教育現場でのタブレット使用を推進している事実があります。</u>
生徒司会者	では，図書館派はインターネット派に質問してください。
図書館派	１つ目の根拠について質問です。新しい情報は信憑性が欠けるのではありませんか？
インターネット派	私達は立論で「新しい情報」とは一言も述べていません。
図書館派	<u>確かにインターネットでは情報を早く調べることができますが，その分間違いも多いのではありませんか？</u>
インターネット派	情報が見やすく，すっきりとまとめられているサイトもあり，情報を他のサイトと見比べることができます。
図書館派	情報が簡潔にまとめられていたら詳しく知ることができないのではありませんか？
インターネット派	サイトに掲載されている情報はなにもあらすじのようにまとめられたものばかりではありません。
図書館派	<u>正しい情報のみを探すことは可能ですか？</u>
インターネット派	ネットサーフィンをすれば，可能だと思います。

　以上のように生徒主導で，ディベートは進められていきます。このとき，聴衆は自分の考えとここで出てきた意見との「比較」をするためにメモをとります。また，教師は授業の振り返りのために，このディベートでの主な論点をメモし，整理しておきます。ちなみに，このディベートで論点となったのは，「情報の信憑性」と「読書による知識の定着」でした。判定の結果，図書館派が勝利しました。生徒たちの感想からこのディベートでの決め手は「情報の信憑性」ということでした。

5 評価について

　ここでは，単元の導入でディベートを行いました。評価は「話す・聞く」領域で，ディベートで根拠を明確にして，発言することができたか。また，毎時間のディベートの感想の内容（自分の考えと「比較」できたか）で評価します。

（伊藤　和也）

| 3年 | 書くこと | 「論理の展開を工夫して書こう」 |

論理の展開を工夫して書こう

授業方式	大きな言語活動				小さな言語活動		
課題解決学習	調査・研究	ディベート・討論	発表・報告・プレゼンテーション	朗読・群読	ペア・グループでの話合い	多様な書くこと	音読
問題発見・解決を念頭に置いた深い学び ●					●		
対話的な学び			●				
見通し・振り返りによる主体的な学び						●	

1 単元のねらい

序論・本論・結論を意識して，意見文を書くことができるようにする。

2 単元の概要と授業づくりのポイント

　本単元は，新聞の社説を比較し，その書き方のよさに気づき，自らの表現活動に生かすことに取り組むものです。資料を読み取り，その事実を根拠にして自分の意見を述べる（書く）活動では，資料の情報を取捨選択したり，論理の展開を考えたり，段落相互の関係を工夫したりする中で，「比較」「類別」や「順序」，「原因・理由」という思考を促す学習を組み入れ，意見文の基礎を自然に学ぶことができるように工夫をしました。

単元指導計画（全3時間）
第1次　2つの社説を比較して，論理の展開について考え，書き方のよさを知る（2時間）。
第2次　資料を参考に，論理の展開を工夫して意見文を書き，発表する（1時間）。＊本時

3 学習指導案（第2次）

本時の目標：資料や自分の体験を根拠にして，論理の展開を工夫した文章が書ける。

時間	生徒の学習活動	教師の指導・支援
2分	1　前時の復習をする。	・新聞の社説を比較してわかったことを全体で確認する。 ・論理の展開の仕方，データの引用方法，段落と段落のつながり，事実と意見などについて。
	課題1　質問項目について自分の意見をもち，調査結果を読み取る。	
10分	2　文化庁の「国語世論調査」の資料を読み取る。	・平成25年度「国語に関する世論調査」の資料から，「1か月に読む本の冊数について」，「人が最も読書すべき時期はいつ頃だと考えるか」の調査結果について，自分の意見をもち，資料を読み取らせる。
10分	3　小グループで話し合い，考えを広げる。	・3人から4人程度の班をつくり，各自の意見を交流し，調査結果について確認する。 ・話合いの際は，共通点と相違点に着目することを指示する。
	課題2　「人がもっとも読書すべき時期はいつ頃だと考えるか」について意見文を書く。	
15分	4　意見文を書く。	・資料や自分の体験を引用して，意見文を書くよう促す。 ・「序論」「本論1」「本論2」「結論」の構成を指示する。
8分	5　発表をする。	・小グループで読み合い，それぞれの作品の書き方のよさなどを，メモさせる。
5分	6　振り返りをする。	・ワークシートに自分にどんな力が身についたのか記述させ，振り返りとする。

4 授業展開例

第1次では，教科書に提示されている社説を比較して，内容について共通点や相違点，論理の展開の仕方，書き方のよさなどに気づく学習を行いました。

社説の比較から学んだこと
○論理の展開（序論―本論―結論）
○つなぎことば
○データの引用方法
○段落と段落のつながり
○事実（データ）→意見

意見文を書く際に参考になる表現例
・ところが，逆に
・〜近くに上る，〜にも届かない
・○割以上だ，○ポイント増えて
・〜と比べて

導入時に，前時の学習内容について復習をし，自分が意見文を書く際に参考にすることを確認して，本時に入りました。

課題1　質問項目について自分の意見をもち，調査結果を読み取る。

本時の学習では，学習者が興味をもちやすいように，文化庁の平成25年度「国語に関する世論調査」を使って，自分の意見をもち，調査結果を読み取る学習から始めます。

書く活動の前段階に，自分の意見をもち，話し合う学習を組み込むことで，他者の意見や調査結果のデータを「比較」「類別」したり，「原因」「理由」を考えたりする習慣づけが期待できます。

非連続型テキストの読み取り，解釈，引用は，アクティブ・ラーニングを進める上で，必須の学習内容であり，意見文を書く活動と密接につながっています。全ての学習者が参加しやすいように，小グループでの話合いを組み合わせ，個人の考えを広げる機会をもちました。

○ワークシートには，以下の項目を整理しておきます。
※質問項目は，文化庁　平成25年度「国語に関する世論調査」を参考にしました。

【A】　自分の意見をもつ
読書について
①1か月に読む本の冊数について。
②人が最も読書すべき時期はいつ頃だと考えるか。その理由。

【B】　資料を正確に読み取る
・資料からどんなことが読み取れるか。
・どの回答が一番多いのか。
・他の年度と比較する。
・自分の意見と比較する。

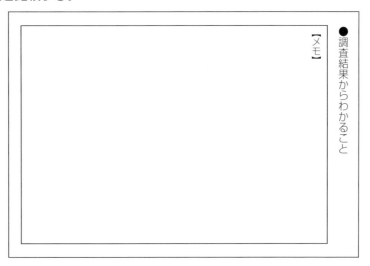

〈グループでの話合いの様子〉
【A】
生徒A　私は，読書すべき時期は，年齢に関係なくいつでもだと思います。理由は，一生趣味で本を読む人もいると思うからです。
生徒B　僕もその意見に賛成で，本を読んで何かを学ぶというのは，一生を通じて，ずっと続いていくものだと思います。
生徒C　私は，10歳代に読書すべきだと思います。自分はあまりできていないけれど，勉強をしないといけない時期だし，いろいろなことを受け入れることができると感じたからです。

【B】
生徒D　私が気づいたことは，1か月に本を1冊も読まないと答えた人が，半数近くもいたということです。次に平成20年度の調査と比べると，大きな変化はありませんでした。
生徒E　10歳代に読書すべきだと考えている人の割合が45％程度でした。これは，僕の意見と同じでした。

　話合いにおいては，間違いなく資料を読み取ることができているか，個別のデータに着目したり，全体を俯瞰して資料を分析したりできているかを，確認しました。また，読んだ本の内容など，話合いが必要以上に広がりすぎないように，教師が介入する場面も必要だと思います。

課題2　「人が最も読書すべき時期はいつ頃だと考えるか」について意見文を書く。

　課題を与えただけで，ただ書かせるのではなく，以下のことを設定します。

〈意見文を書く際の設定〉
・「序論」「本論1」「本論2」「結論」で構成すること。
・「序論」は読み手が興味を引きやすいように，問題提起（疑問の投げかけ）で書くこと。指導者の判断で，結論から書きだすことにしてもよい。
・調査結果のデータを引用して書くこと。
・「結論」部では，自分の意見がはっきりと明示されていること。

〈論理の展開例〉
　○序論　　　問題提起，疑問の投げかけ（結論）
　○本論1　　資料の引用
　○本論2　　自分の体験や聞いた話
　○結論　　　自分の主張

　600字程度を想定していますが，400字程度で取り組むことも可能です。
　書く活動が苦手な生徒には，原稿用紙の写真のように「調査結果より」など，本論の書き出しをあらかじめ記入しておくと取り組みやすいです。また，上部には，「本論1」や「本論2」

などを記入しておくと，生徒に書く量を意識させることができます。

　授業の冒頭に確認した「前時の学習内容」も書く活動を始める前に，再度確認すると効果的です。また，書きにくい生徒には，以下のような「書き出しの工夫」や「つなぎ言葉」を提示してもよいと思います。

　○書き出しの工夫
　　・人が最も読書すべき時期はいつ頃なのだろうか。
　　・調査結果によると，
　　・自分の体験から考えると，

〈意見文例〉

○平成26年度の文化庁の国語世論調査では，読書についての質問が取り上げられた。自分自身，「朝の読書活動」でしか本を読んでいない現状である。では，人が最も読書すべき時期はいつ頃なのであろうか。資料を参考にしながら，自分の意見を述べていきたい。

○調査結果によると，1か月に本を1冊も読まない人は，47.5％であった。平成14年度の調査と比べて，平成25年度の調査では，読まない人の割合が10ポイントも増加していることに驚いた。10歳代では4割，70歳以上では6割の人が1冊も読まないと回答している。

○私自身，10歳代に最も読書をすべきであると考えている。理由は，10歳代は学生である期間が長く，本を読む時間があるからだ。また，多くの人に出会ったり，人の意見に耳を傾けたりと，新しいことを学びたいという好奇心に満ちている時期でもある。調査結果でも，10歳代と回答した人が一番多く，44.8％となっていた。

　振り返りは，意見文として書いた内容についてのみならず，本時の学習内容全体を思い出しながら，振り返らせるようにしたいです。例としては，以下のような問いが考えられます。
　「今回の学習で，自分にどんな力が身についただろう。60字～80字程度で述べてみよう」。

　意見文を書く際には，自らの意見を補ったり，説得力をもたせたりするために，資料を引用したり，自らの体験について述べたりすることが求められます。今回の学習では，できるだけ多くの生徒が，興味をもって意見文を書き上げることをねらいとしたため，資料を限定したことで，「根拠を明確に示した意見文」という点から物足りない要素もあるかもしれません。
　生徒1人ひとりが，資料を読み込んだり，事実と意見の違いに目を向けたりしながら，実際に書き手となることは，主体的な読み手となることにもつながる重要な学習活動です。今後，資料を自ら探し出し，意見文に引用するという取組に発展させることもできます。

（谷　　健年）

| 3年 | 読むこと | 文学的な文章①「レモン哀歌」|

最後の2行で作者は悲しんでいるのか

	授業方式	大きな言語活動				小さな言語活動		
	課題解決学習	調査・研究	ディベート・討論	発表・報告・プレゼンテーション	朗読・群読	ペア・グループでの話合い	多様な書くこと	音読
問題発見・解決を念頭に置いた深い学び	○					○		○
対話的な学び	○		○			○		
見通し・振り返りによる主体的な学び	○						○	

1 単元のねらい

> 色彩語や象徴等の表現効果をとらえ、主題や主想について考えをもつことができるようにする。

2 単元の概要と授業づくりのポイント

「レモン哀歌」は、長年中学校3年生の教材として位置づけられている詩です。初読をすると多くの生徒が「作者の悲しみが伝わってきた」「2人の深い愛に感動した」という感想をもちます。一方で「愛する人が死ぬのに明るすぎないか」「薄情な感じがする」という感想をもつ生徒もいます。こうしたつぶやきを大切にしたいと思います。大切な人の死を歌った他の歌、例えば「永訣の朝」(宮沢賢治)「精霊流し」(さだまさし)「会いたい」(沢田知可子)等と比べても、淡々としている感があります。そして、それこそがこの詩の本質であるともいえます。

詩のすばらしさを「教えよう」とするのではなく、生徒たちが自分の知識や経験と重ね合わせて読んだり、対象化させて批判的に吟味したりし、詩という凝縮表現の世界に主体的にかかわることが、アクティブ・ラーニングを位置づけた詩の授業づくりの一歩になると考えます。

単元指導計画（全4時間）

第1次　詩の概略を知り、初発の感想を交流する（1時間）。
第2次　色彩語や擬音語、擬態語等に着目して詩を読み、解釈を深める（1時間）。
第3次　詩の構成や表現から主題や主想を交流し、自己の認識を深める（1時間）。＊本時
第4次　主題や主想について意見文を書く（1時間）。

3 学習指導案（第3次）

本時の目標：作者の「悲しさ」について話し合い，考えを広げたり深めたりする。

時間	生徒の学習活動	教師の指導・支援
1分	1　詩を音読する。	・詩の内容，音読の仕方（姿勢，呼吸，発声，口形）を意識して斉読を行わせる。
1分	2　学習課題を確認する。	
	課題1　作者は悲しんでいるのか。	
5分	3　まず個人で考える。	・根拠に線を引かせた後，ノートに理由を書かせるようにする。
5分	4　ペアで話し合い，考えを広げる。	・立場にかかわらず，隣同士で考え，その根拠と理由について話し合わせ，全体の話合いへの準備とする。 ・疑問点がある場合は，積極的に問うたり聴いたりするように指示する。
15分	5　全体で考えを共有する。	・まず全員の考えを集約し，その後根拠と理由を発表させる。 ・話合いの流れの中で，色彩語，クライマックス，構成（時間の経過），象徴といった表現の効果と意味について押さえていく。
	課題2　最後の2行で作者は悲しんでいるのか。	
15分	6　全体で考えを共有する。	・全体で時間の経過について押さえた上で，どのくらいの時間が経過しているかをイメージさせる。 ・課題1とつなげて考えさせる。 ・全体で話合いの中で，適宜，個人で考えたり，小集団で話し合ったりする場をもつ。
8分	7　学び全体を振り返る。	・自分の考えの変容，広がりや深まりについて記述させる。

4　授業展開例

　教材は，智恵子の病気や死等，事実との密着性が高い詩です。よって，「語り手＝作者（光太郎）」としないと成立しません。授業も，語り手である「わたし」を作者（光太郎）と共通理解し，大まかな背景については説明した上で展開しました。
　初読の感想の後，「死」についてのイメージを書かせたところ，「悲しい」「怖い」「暗い」「誰にでもいずれ来る」等というものがほとんどでした。同じテーマの他の詩や歌と比べても「なぜこんなに明るく感じるのか」という疑問からスタートしました。
　すぐに色彩語（既習）へ着目する生徒が出ました。そこで，色彩語とイメージ語について全員で分析しました。

レモン（黄）　白く（白）　きれいな歯（白）　トパアズ色（黄）　青く澄んだ眼（青）　山巓（緑）　桜（ピンク）　あかるい　涼しく光る

　「明るい色を多く使っているから『死』なのに明るく感じられる」ということが共通理解できました。
　また，「がりり」「ぱっ」といった擬音語，擬態語や「手を握る力の健康さよ」といった表現からも明るさが感じられるという発言もありました。
　さらに「レモン」は他の食べ物（ご飯やまんじゅう，メロン，いちご等）とも置き換えられない，レモンだからこそのさわやかさがある（象徴）ことも確認しました。
　一方で，「こんなきれいな死が現実的にあるのか」「作者は悲しくないのか」といった疑問の声も上がりました。
　そこで，本時の課題となったのです。

課題1　作者は悲しんでいるのか。

　意見は分かれましたが，「悲しんでいる」とする生徒が大半でした。全体では，おおよそ，次のような話合いが展開されました（実際は「○行の〜という所から」というように根拠を示しながら話が進んでいます。また，途中段階で小集団での話合いを挟みながら進んでいますが，ここでは省略しています）。

生徒A　悲しんでいると思います。確かにストレートに悲しいなどの気持ちは描かれていないけど，この詩は死を題材としたものとわかるからです。
生徒B　確かに死は悲しいけれど，統合失調症で苦しんだ智恵子が，ようやく楽になれるとい

　　　　う気持ちもあるのではないかと思います。
生徒C　「あかるい」「レモン」「きれい」「愛」「さくら」など明るさを感じさせる反面「生涯の愛を一瞬に傾けた」「あなたの機関はそれなり止まった」から複雑な気持ちもわかり，作者の葛藤や苦しみそんな心の描写がはっきり書かれていないからこそ悲しみが伝わってくると思います。
教　師　レモン哀歌のどこに悲しみが感じられるの？　話してみて。
生徒B　「あなたの機関はそれなり止まった」が，やはり淡々として，余計に悲しさが伝わる感じがするので，悲しいです。
生徒C　「かなしくしろく明るい死の床で」で「かなしい」とちゃんと書いているからやはり悲しいんだと思う。
生徒D　確かに全体的に淡々としているけど，題名が「レモン哀歌」になっていて，「哀」と入っているから，やはり作者は悲しいんだと思います。
教　師　なるほど。ところで「哀」は「悲」とどう違うの？

　この後，「悲」は「背中合わせの非から，2つのものが相反する悲しさ」が語源で「心の中にたまったものが吹き出す」，「哀」は「口に衣をかける形」が語源で，「思いを口に出さず胸の中に閉じこめるかなしさ」である意味の違いを確認しました。そして，作者は明るい言葉を使っているけれども，心の中は悲しさを閉じ込めているのだということが共通理解できました。
　しかし，「最後の2行は時間が経過しているから，ここは悲しくないのではないか」という意見も出ました。そこで，次の課題が生まれました。

> 課題2　最後の2行で作者は悲しんでいるのか。

　まず，最後の2行の前後で，どのくらい時間が経過しているかを問うたところ，数日，数週間，数か月，数年という意見が出ました。課題については，「悲しんでいる」「悲しんでいない」の2つに分かれました。

生徒E　さっき，時間の経過が違うと言ったけれど，最後の2行で時間が経っている。だから気持ちを整理できている。
教　師　E君はどのくらい時間が経っていると思うの？
生徒E　僕は，数年は経っていると思います。「今日も置こう」とあるので，レモンを置くことが日常化しているので，数年はいると思うから。
生徒F　遺影の前にレモンを置いているので，毎日置いている。

生徒G	僕も悲しんでいないと思います。理由は「今日も置こう」という事で，情景が明るくて，前を向いて歩こうという感じだから。
教　師	死んだことを忘れて？
生徒G	死んだことを忘れたんじゃなくて，死を受け入れて，前向きに行こうという感じが表れている気がするから悲しんではいないと思う。
教　師	なぜ前向きになれるの？
生徒G	「生涯の愛を一瞬に傾けた」でもう満足したから悲しんでいないと思います。
教　師	みんなは大切な人が死んだとして，仮に数年経ったとして受け入れられるの？
生徒H	ずっと好きだったら悲しいから受け入れられない。忘れられないと思います。
教　師	作者は受け入れた。それはどこでわかるの？
生徒I	レモンは智恵子との思い出だから。
生徒J	レモンは智恵子自身だと思っている。智恵子は死んだけれどずっと光太郎の中では生きている。
生徒K	最後の２行の前までは回想。だから智恵子の大切な思い出を美しく残そうとして明るい言葉を使ったのではないかと，私は思いました。

授業の振り返りの一部です。

生徒A
　レモン哀歌は，私の中では「レモン愛歌」となった。高村光太郎さんの死んでしまった妻に対する現在の思いが，最後の２行につづられているのではないかと思う。「すずしく光る」からさわやかな感じ，その前の行では「桜の花かげ」からピンクの色彩語がその２行より前よりも鮮やかに使われているところからも，作者の思い（智恵子を今も愛する気持ち）が読みとれるのではないかと思う。

生徒B
　死後，時間がたってからのことを描いた２行を付け加えている点がすごいと思う。最後の２行がないと，あまりにも読み手には強烈なインパクトを残し，重苦しい雰囲気に感じられて終わってしまう。しかし，あくまで作者は，智恵子とともに今も生きているのだ。死が最後ではない。人は悲しみを乗り越え，前を向いて歩いていける存在なのだと本人も実感しているし，またそれを読み手にも伝えていると思う。

単元の学習全体の振り返りの一部です。

> 詩というものは短いから読みやすいが，内容が凝縮され，理解できないことが多い。でも読み解いていくとおもしろい。ここはこうだろうな，こんな感じって想像もできるし，情景も浮かんでくる。でもなにより，短いからこそ書いている人，書かれていること，人の気持ちがこもっている。どんな気持ちをもっていたのか，どんな想いで接していたのかすぐには読み取れないほどぎゅっとつまっている。それを考え始めることは正直面倒だが，考え始めたら，あれはーこれはーと考えたくなる。授業で他人と意見交換して，取り入れて，そんなのがおもしろい。ときには反対意見の返答に困ったりしてしまうけれど，やっぱり友達との意見交換ほど自分の意見を見直す機会はない。この授業，他の意見にたくさん流されそうになったけど，やっぱりすごくおもしろかった。

　中学校段階での授業は文学研究ではありません。よって，高村光太郎と智恵子の現実とこの詩とを，深く関連させて読むことは避けようと考えていました。
　一方で，この詩において，作者が徹底的に，智恵子の死を，存在そのものを，美しく残すために，言葉を厳選し，表現技法を使い，構成を行っていることには着目させたいと考えました。
　課題について話し合う中で，色彩語やクライマックス（「生涯の愛を一瞬に傾けた」）象徴語（レモン）といった表現効果のすばらしさを生徒は感じていきます。それが，言葉の深さ，面白さを知ることになり，自分の新たな言葉として獲得されていくものだと考えます。
　詩を読む楽しさは，作者が厳選した凝縮表現の言葉に，生徒1人ひとりが，向かい合っていくところにこそあると思います。
　そして，そこに主体的・協働的な詩の学びが生まれてくるのです。
　説明のことばでは表すことができない感覚や思想が，詩の凝縮表現には入り込んでいます。読者である生徒はその詩の世界に出会って自分の体験と重ねたり比較したりします。また他者と語り合うことで，ことばを自分の新たなことばとして実感し，内在化させることになります。
　「主題や感動の押しつけ」に終始するような詩の授業ではなく，詩のことばを自分のことばとして獲得させる──そんな詩の授業にしたいと考えます。

（川田　英之）

| 3年 | 読むこと | | | | | 文学的な文章② 「握手」 | | |

ルロイ修道士の日記を書いてみよう

	授業方式	大きな言語活動				小さな言語活動		
	課題解決学習	調査・研究	ディベート・討論	発表・報告・プレゼンテーション	朗読・群読	ペア・グループでの話合い	多様な書くこと	音読
問題発見・解決を念頭に置いた深い学び						○		
対話的な学び						○	○	
見通し・振り返りによる主体的な学び							○	

1 単元のねらい

> 日記という形で，物語の展開や登場人物の心情について読み取ったことを表現させる。

2 単元の概要と授業づくりのポイント

　「握手」は，心温まるエピソードを交えながら，「わたし」と「わたし」が少年時代に過ごした児童養護施設の園長であった「ルロイ修道士」との再会を描いた物語です。死を覚悟してなお，かかわった子供たちのことを思う「ルロイ修道士」と，その師の思いに気づいた「わたし」との心の交流が描かれています。ただ「会話」がなされているだけで，大きな場面の展開がないにもかかわらず，ゆれ動く心情を読み取ることができます。中学生には，登場人物の心情をとらえるだけでなく，その深さについても考えさせたい物語ではないでしょうか。

　本時は，「ルロイ修道士」が日記をつけていたことにして，「ルロイ修道士」の気持ちになって日記を書かせます。生徒は，テキストに書かれた内容を踏まえて，「ルロイ修道士」の心情だけでなく人間性までも表現する必要に迫られます。ルロイ修道士の人物像はもちろん，作品のテーマについて，どこまで深く読み取ることができるかがポイントです。

単元指導計画（全5時間）

第1次　　全文通読・あらすじの確認（1時間）
第2次　　作品の構成・登場人物の人物像や心情の把握（3時間）
第3次　　作品のテーマや登場人物の心情に，自分なりに迫る（1時間）＊本時

3 学習指導案（第3次）

本時の目標：日記を書くという活動を通して作品のテーマに迫る。

時間	生徒の学習活動	教師の指導・支援
3分	1 前時までの復習をする。 2 本時の課題を理解する。	・あらすじと登場人物の心情を確認する。 ・「ルロイ修道士の日記」をルロイ修道士になったつもりで書くことを確認する。
	ルロイ修道士は日記をつけていた！ 　ルロイ修道士になりきって，再会の前日と当日の日記を書いてみよう **課題1**　わたしと会う前日，ルロイ修道士は，何を思い，何を考え，何を話したかったのだろうか？	
2分	3 課題の内容を確認する。	・どのような日記をかけばよいのか確認する。
15分	4 個人で課題1に取り組む。 （ワークシート1配布）	・4人ずつのグループを構成する。
10分	5 グループで，それぞれが書いた日記を読み，感想を書く。	・グループで，それぞれの日記についてコメントを書かせる。
	課題2　わたしと別れたとき，ルロイ修道士は，何を考え，何を感じ，どんな気持ちになっただろうか？ **条件** 　日記では，最後の「握手」について，必ず触れること。 〈別れ際に交わした「握手」に「ルロイ修道士」は何を感じただろう？〉	
15分	6 個人で課題2に取り組む。	・評価項目を提示しておく。
5分	7 本時の学習を振り返る。	

4 授業展開例

❶前時までの確認

　前時までに物語の構成や「ルロイ修道士」の人物像や心情,「わたし」の心情や心の変化について学習をしていました。本時は, そうした物語の内容について簡単に振り返った後, 課題を確認しました。

ルロイ修道士は日記をつけていた！
ルロイ修道士になりきって, 再会の前日と当日の日記を書いてみよう。

| 課題1 | わたしと会う前日, ルロイ修道士は, 何を思い, 何を考え, 何を話したかったのだろうか？ |

　課題を提示したときに, 今回の課題について, 次のように伝えました。

「本来, 日記は, 形式があるわけではないので, 自由に書いてかまいません。また, 日記は, 人に見せるものではないので, 整った文章で書かれてある必要はなく, 思いつくままに書いてあってもかまいません。ただし, 今回の『ルロイ修道士』の日記は, 『ルロイ修道士』の人柄が感じられるものにしたいと思います。だから, テキストに書いてあった出来事だけでなく, テキストを踏まえつつ, 『ルロイ修道士』の願いや思い, 考えなど, 心の中を表現しましょう。『ルロイ修道士』はここまでどのような人生を送ってきたでしょうか。また,『わたし』には語らなかった秘めた気持ちなども想像して, 『ルロイ修道士』になりきって表現してみましょう」

❷このときに伝えたいこと（課題のねらい）

　実線部……今回の課題は, 正解がありません。「ルロイ修道士」になりきるのですから, 文章のうまい下手よりも,「ルロイ修道士」らしさが大切です。書くことに苦手意識をもっている生徒も楽しんで書いてほしい。今回の課題は, まずそうしたねらい（願い）があります。

　波線部……また, 今回の課題は, 正解はありませんが, 読み取りの深さは関係します。書くことが得意だ, 国語が好きだという生徒は, 自分の（読み取った）ルロイ修道士に自由に語らせることができます。きっとそこには, 選択肢から正解を選ぶような学習にはない, 表現する楽しさがあるのではないでしょうか。

　国語（書くこと）が得意な生徒も苦手な生徒も「楽しく取り組めるかも」そういう思いで取

り組ませたい課題です。

❸個人での活動１

個人で課題１に取り組ませました。１つの班に，辞書を２冊，渡しておきました。

気をつけたことは，以下のようなことです。

> ①活動する時間をしっかりと意識させる。
> ②課題としっかり向き合わせる。自然な形で静かな時間をつくりたいものです。
> ③内容について教師はなるべく具体的な指導はしない。疑問や困ったことは，問題意識としてもたせ，グループでの活動のときにメンバーに相談したり，メンバーの書いたものから解決のヒントを得るようにさせる。次のグループでの活動に意味をもたせるようにする。

❹グループでの活動

グループでの活動の目的は，自分が書いたものと班のメンバーが書いたものを比較することで，それぞれの違いやよさを感じさせ，次の課題に生かし，さらに意欲的に取り組ませることです。

具体的には，次のような活動を行いました。
・付箋を人数分配布する。
・グループのメンバーが書いた「ルロイ修道士」の日記を読み，感想を付箋に記入する。
・付箋には，その日記のよいところを必ず１つは書く。

❺個人での活動２

次の活動に移る前に，次のように伝えました。

「次は，『ルロイ修道士』が『わたし』と再会した日の日記を書きます。今，友達の書いたものを読んで，いろいろな発見があったのではないでしょうか。また，あなたの作品のよいところも，友達は付箋に書いてくれているのではないでしょうか。それらを参考にして，さらによい日記を書いてみましょう。今回の課題について，先生が考えている〈評価〉を伝えます。また，１つ〈条件〉を加えます」

伝えた評価と課題２は，次のようなものです。

〈評価〉

①日記に書かれた内容とテキストの内容は一致しているか。
②「ルロイ修道士」の人柄が感じられるか。
③「ルロイ修道士」の願いや思いが書かれてあるか。
④日記の中の言葉や表現に豊かさが感じられるか。
⑤「ルロイ修道士」という人物や作品について，想像力を膨らませて，深く迫ろうとしているか。

課題2　わたしと別れたとき，ルロイ修道士は，何を考え，何を感じ，どんな気持ちになっただろうか？

〈条件〉

日記では，最後の「握手」について，必ず触れること。
〈別れ際に交わした「握手」に「ルロイ修道士」は何を感じただろう？〉

　題名となっている「握手」は作品のテーマにつながるものです。最後の握手の意味について考えることは，この作品のテーマを考えることにつながります。最後の握手に触れることで，生徒たちのこの作品についての読みの深さが表現されるのではないかと考えました。評価の項目で言えば，⑤の項目にあたります。

❻授業のねらい
　「握手」は，光村図書の教科書では，3年生になって最初の物語として位置づけられています。生徒たちにとっては，まだ慣れない学級の雰囲気の中での授業になります。また，教師にとっても，これから1年間の国語の授業を印象づける大切な授業になります。課題にじっくり取り組みつつ，それぞれのメンバーについて少し知ることもでき，認め合える雰囲気の授業を目指しました。お互いの評価の際に，あえて，評価項目を示さずよいところを書かせたのは，お互いを認め合うというねらいもあります。
　また，この授業のポイントとしては，まずは，課題1に集中させること，次に，グループの活動から課題2へ移るときのメリハリをつけることです。個人の学びを保障しない形式的なアクティブ・ラーニングには意味がありません。グループでの活動も活動に意味があるのではな

く，それが個人の学びにつながることに意味があるのだということを見失いたくないものです。グループの形態をとっていても，個人の学びを保障するために個人で活動する時間をつくる，そういう授業を学年の始まりの段階で示しておくことは，アクティブ・ラーニングの本質を見失わないようするためにも，大きな意味があるものと考えます。

　課題1や課題2の場面で，みんなが考えている，みんなが黙々と書いている，みんなが課題に向き合っている，そうした静かな時間を共有させることができれば，この1年間は，こういう雰囲気の授業を目指すんだということを生徒たちも体感することになります。これも授業のねらいの1つです。

　「日記」を2回書かせましたが，2回目は，1回目の経験を生かしつつ，条件をつけたり，評価の項目を示すことで，おのずとさらに深い思考力や表現力が問われるような課題設定にしました。

今回の授業で使用したワークシート（例）

（大谷　卓治）

3年 | 読むこと | 説明的な文章「月の起源を探る」

フリップにした「本論」で考えよう

授業方式	大きな言語活動				小さな言語活動		
課題解決学習	調査・研究	ディベート・討論	発表・報告・プレゼンテーション	朗読・群読	ペア・グループでの話合い	多様な書くこと	音読

	課題解決学習	調査・研究	ディベート・討論	発表・報告・プレゼンテーション	朗読・群読	ペア・グループでの話合い	多様な書くこと	音読
問題発見・解決を念頭に置いた深い学び						○		
対話的な学び						○	○	
見通し・振り返りによる主体的な学び							○	

1 単元のねらい

4つの本論を再構成した文章を書くことで,論理的に伝えることについて考えさせる。

2 単元の概要と授業づくりのポイント

　本文は,小見出しや図などを用いて,わかりやすく伝える工夫がされています。しかし,わかりやすいということは,学習者の学びに深まりがなくなるということでもあります。そこで,授業では,小見出しや図を省いた本文を用意するなどして,筆者の工夫や展開について,学習者が能動的に学ぶための工夫をしたいと考えました。本時は,そうした工夫の一例です。

　本時は,4つに分かれた本論を4枚のフリップにして,並べ替えてみることにしました。並べ替えることで,説明の流れが変わるため,学習者は,説明の仕方を考えなければなりません。本文から少し離れる学習ですが,この学習を通して,理解しやすい説明の流れについて考えたり,何を説明したいのかによって説明の流れは変わることに気づいたりしてほしいと思います。まずは,文章の構成について能動的な思考を促すことが授業のポイントと考えます。

単元指導計画（全5時間）
第1次　題名や図表から内容を予測してから読む（序論・本論1・本論2）（1時間）。
　　　　古典的仮説について表にまとめる（1時間）。
第2次　ばらばらになった段落をつなぎ,意味の通る文章を作る（本論3・本論4）（1時間）。
第3次　本論に注目し,本論の組み立て方を吟味する（2時間）。＊本時

3 学習指導案（第3次第1・2時）

第3次第1時の目標：4枚のフリップの並べ替えは可能か考える。

時間	生徒の学習活動	教師の指導・支援
5分	1 前時までの復習をする。	・本論の流れを確認する。
5分	2 本時の課題を提示する。	・フリップ4枚を使って説明することを理解させる。
	課題1　4枚のフリップの並べ替えは可能か？ 　　　2　フリップを並べ替えて，フリップの流れに合った説明を考えてみよう。	
5分	3 課題についてのモデルを示す。	・教師がモデルを提示する。
15分	4 個人で課題1に取り組む。 【資料1とワークシート1を配布】	・フリップの並べ方を考えさせる。
10分	5 グループで考えを共有する。	・メンバーの考えに関心をもたせる。 ・他者との比較を通して，自分の考えを再考させる。
10分	6 全体で共有する。	・メンバーの考えに関心をもたせる。 ・他者との比較を通して，自分の考えを再考させる。

第3次第2時の目標：フリップの流れに合った説明の原稿を書く。

時間	生徒の学習活動	教師の指導・支援
10分	1 前時までの復習をする。	・前時の課題を再提示する。
5分	2 本時の課題を提示する。	・フリップの流れに合った説明の原稿を書くことを理解させる。
25分	3 個人で課題2に取り組む。 【資料2とワークシート2を配布】	・前時を参考に，フリップの並べ方を考えさせる。 ・フリップの並べ替えだけではなく，フリップの流れに合った説明の原稿を書く。 ・参考として，教師のモデルの原稿を配布する。
10分	4 本時の学習を振り返る。	

4 授業展開例

●第3次・第1時

〈前時までの復習〉

　前時に，本論は4つに分けられており，それぞれに小見出しがつけられていることを確認しておきます。本時は，まず，前時までに行った本論の4つの内容について，教科書の見出しを参考にしたり，ここまでのノートやワークシートを見たりしながら，簡単に振り返りを行いました。

　振り返りは，それぞれのポイントだけを押さえるようにしました。

本論①　月は特異な天体であることの説明。
本論②　3つの古典的仮説についての説明と否定されている理由。
本論③　古典的仮説にかわる有力な仮説である巨大衝突説についての説明。
本論④　筆者らによるコンピューターシミュレーションによる巨大衝突説の実験の紹介。

　また，振り返りのときに，本時に使用するフリップを提示しました。4枚のフリップには，それぞれ本論の4つの内容に対応しており，ポイント，キーワードがまとめられてあることを確認しました。

〈本時の課題の確認〉

課題　4枚のフリップの並べ替えは可能か？
　　　フリップを並べ替えて，フリップの流れに合った説明を考えてみよう。

　課題を提示したあと，生徒に課題についてのイメージをもってもらうために，教師がモデルを示しました。モデルは，筆者の説明の流れに沿って示しました。

　説明後，「今，筆者の本論の順序（ＡＢＣＤ）で話をしてみました。みなさんにも，フリップを使って説明をしてもらいたいのですが，みなさんには，フリップを並べ替えて，筆者とは違う順序で説明を考えてもらおうと思います。フリップの順番を変えると，話のつながりが変わりますよね。どのような説明になるでしょうか。4枚のフリップを，筆者とは違う順番でうまくつないでいきながら，まとまった1つの説明にしてみましょう」と，課題について説明します。

　これで課題について理解できればよいのですが，もう少し説明が必要だと感じたならば，実

際にフリップを並べ替えてみて一緒に考えたり，代表生徒に一例を挙げさせたりして，課題についての理解の浸透を図ります。教師から具体的に一例を挙げてみる必要もあるかもしれませんが，まずは「できそうだ」「やってみよう」と，生徒の意欲を高めることが大切です。

〈個人で考える場面　課題1〉

　フリップをプリントにした【資料1】を配布して，フリップの並べ方を考えます。そのときに，【ワークシート1】に，フリップの流れについて簡単にメモさせました。
　また，書けるならば，なぜ4つのフリップをそのように並べたのか，その理由を書いておくように指示しました。

〈グループでの活動の場面〉

　他者に自分の考えをしっかり伝えることの大切さや，他者の考えを知り，自分の考えを見直すことの大切さなど，活動の意義を伝えておきます。他者に関心をもち，他者から学ぶことができるようなグループの活動になれば，国語が得意な生徒も苦手な生徒も，それぞれにとって意味のある活動になると思います。

〈クラス全体で共有する場面〉

　フリップの並べ方が違う生徒2〜3名を指名しました。フリップの並べ方の理由についてしっかり書けている生徒やグループでの活動場面でしっかり説明ができていた生徒などを指名の対象としました。論理の展開に無理がなく，ある程度，納得のいく説明ができる生徒がよいと思います。

❷第3次・第2時

〈個人で考える場面　課題2〉

　最後は，【ワークシート2】を配布し，フリップの流れに沿って説明内容を書かせる，個人の活動に取り組みます。ここでは，先の全体共有の場面に触れて，目指すのは論理的な説明であることを確認し，フリップの羅列ではなく，フリップのつながりが重要であることを伝えました。前のフリップとの関係がわかるように書くこと，たとえば，前のフリップを受けて説明がなされるようなことは，必ずそれがわかるように書いておくことを指示しました。しかし，それだけでは難しいと考え，教師が最初に例として行った説明を【資料2】として配布しました。

〈振り返り（第3次の授業の感想）〉

　本時は，自分自身の説明の順序と筆者の説明の順序の違いについても考えさせたいところで

すし，筆者の説明の順番についても，なぜそのような順番で説明をしたのか考えさせたいところでもあります。しかし，現実的には，かなり難しい高度なレベルの課題であると思いましたので，ワークシートの感想の欄に，考えるところがあれば，書くように伝えました。

〈授業で使用したフリップ〉
※【資料１】はこれをプリントにして使用しました。

不思議な衛星・月　　　　　　　　　　Ａ
- 太陽系で，惑星（地球）に対しての質量比が最大の衛星。
- 天体に含まれる鉄の割合が極端に少ない。

「国語３」光村図書，
p.43の写真

古典的仮説　　　　　　　　　　Ｂ
- 分裂説（親子説）
  問題点　→　自転の速度

  p.44の写真

- 共成長説（兄弟説）
  問題点　→　鉄の割合

  p.44の写真

- 捕獲説（他人説）
  問題点　→　鉄の割合
  　　　　　　地球の重力

  p.44の写真

巨大衝突説　　　　　　　　　　Ｃ
- 地球に火星ぐらいの大きさの天体が衝突した結果，月が誕生したという説。
- 問題点の説明がつく仮説。

p.45の写真

p.45の写真　→　p.45の写真　→　p.45の写真

月を作る実験（最新の研究成果）　Ｄ
- コンピュータシミュレーションでの検証

- 実験
  火星ぐらいの惑星を地球に対して45度ぐらいの角度で衝突させる。

  「国語３ 指導書」
  光村図書，
  p.127の写真

- 結果
  月の材料となる物質がまき散らされて，まき散らされた物質は合体し，月とおなじような衛星が一つ形成された。

〈授業で使用した【ワークシート２】〉

※以下は，教師の説明を文字化した【資料２】として配布したもの。

```
ワークシート２（例）　　　　月　　日（　）
月の起源を探る　　小久保英一郎　　組　番　名前
【今日のテーマ】四枚のフリップの並べ替えは可能か？
○私の考えと原稿　　　　　　　　　　　　　　【メモ】
```

記号	原稿	メモ
1 A	惑星に対する月の質量比は、他の衛星が三千分の一ぐらいなのに対して、八十一分の一もあります。また、鉄でできている「核」が、他の天体の二十から三十パーセントなのに対して、三パーセント以下です。**つまり、月は、「鉄」が少ない、大きい衛星なのです。**	
2 B	ところで、月の起源を説明する仮説は主に３つあります。それらは古典的仮説で、現在では現実的でないとされています。「分裂説」は、分裂するには、地球の自転速度が足らず、「共成長説」と「捕獲説」は、**月の「鉄」の少なさが説明できません。**「捕獲説」は地球の重力も足りません。	
3 C	そこで、考えられたのが、「巨大衝突説」という仮説です。この仮説では、火星程度の天体が地球に衝突し、岩石成分が飛び散り、円盤状になり、やがて合体して月になるというものです。この「巨大衝突説」は、**「鉄」が少ない、大きい衛星という月の特徴を説明することができます。**	
4 D	それでは、「巨大衝突説」がどれくらい有力な仮説かというと、今、コンピュータを使って実験をすることができます。その実験で、火星ぐらいの惑星が衝突すると、月ができるという結果が出ています。**つまり、コンピュータの実験でも「巨大衝突説」はありえるということになりました。**	

【今日の授業を振り返って】

　波線の部分が，前のフリップからうまくつなげるための語句や表現の部分です。ゴシック体の部分は，フリップの中で伝えたい中心的な内容であり，それらをつなげることで全体の説明の流れとなります。ワークシートを提示する際に補足説明をしました。

❸授業のねらい

　説明的な文章の授業は，テキストの内容理解が中心で，講義形式になりがちです。今回の授業では，少しでも能動的に読ませたいというねらいで，図表から本文を想像させたり，ばらばらになった段落をつなぎ合わせたりという取り組みをしました。しかし，これだけでは，テキストの内容理解という範疇をこえません。筆者の説明の仕方にまで踏み込んで考え，生徒自身の表現に生かしていく，主体的な読みにまで導きたいところですが，そこまで至らないことが多いのも現実です。そこで，少しでも主体的に読ませたいという願いから，「月の起源を探る」の本論が４つの小見出しに分けられているところに注目し，４つの組み合わせ方を考えさせることにしました。４枚のフリップの並べ方を変えて説明をするには，「思考力」「判断力」「表現力」が問われます。この授業のねらいはそこに置きました。この３つの力のどれに重点を置くかでも，授業の中身は変わることになります。

（大谷　卓治）

| 3年 | 古典 | | | | 「おくのほそ道」 | | | |

芭蕉が松島の句を載せなかったのはなぜか

	授業方式	大きな言語活動				小さな言語活動		
	課題解決学習	調査・研究	ディベート・討論	発表・報告・プレゼンテーション	朗読・群読	ペア・グループでの話合い	多様な書くこと	音読
問題発見・解決を念頭に置いた深い学び				○				
対話的な学び	○	○				○		
見通し・振り返りによる主体的な学び	○						○	

1 単元のねらい

「おくのほそ道」の表現の工夫を基に，後輩に修学旅行記の書き方のアドバイスをする。

2 単元の概要と授業づくりのポイント

　生徒は小学校から系統的に伝統的文化についての学習を積み上げています。しかし，「古典学習の意義」を実感して授業に臨む生徒は，中学３年生でも少ないのではないでしょうか。

　本単元では事前に書いた修学旅行記と「おくのほそ道」を比較し，後輩に修学旅行記の書き方のアドバイスをするという言語活動を設定し，古典を読むことに有用感をもたせました。また「芭蕉はなぜ松島の句を載せなかったのか」という少し謎めいた課題を与え，アドバイスの中で，問いに対する答えを自分の言葉で説明させました。その際資料として，１人１冊の『おくのほそ道』（角川ソフィア文庫）と，４人グループに１台のタブレットPC（ネット接続可）を活用しました。そうすることで学習意欲が高まり，自分と芭蕉の旅への思いを比べたり，作品に込めた芭蕉の意図を想像したりしながら，生徒は課題解決の手がかりを探し始めます。

単元指導計画（全６時間）

第１次　「冒頭部分」と「松島」を読み，作品の概要と課題をつかむ（２時間）。
第２次　課題について自分の意見を持つ（３時間）。＊本時
第３次　『おくのほそ道』を基に，修学旅行記を書く後輩へのアドバイスをまとめる（１時間）。

3 学習指導案（第2次第3時）

本時の目標：芭蕉が松島の句を載せなかった理由について，根拠を基にして説明できる。

時間	生徒の学習活動	教師の指導・支援
1分	1　学習課題を確認する。	
	課題　芭蕉が松島の句を載せなかったのはなぜか。	
9分	2　4人グループで前時までに書いたお互いの意見を読み合い，気がついたことを付箋にメモをする。	・「納得できないこと」と「詳しく知りたいこと」についてそれぞれ付箋に書くように指示する。
10分	3　自分の意見を更新する。	・付箋を新たな視点として自分の意見を見直し，「主張」「根拠」「理由」について端的にホワイトボードにまとめるように指示する。 ・根拠が不十分な場合は，文庫本やインターネットで情報を収集できるように環境を整えておく。
25分	4　4人グループで話し合い，考えを深める。 ・自分の考えの説明と質疑応答（1人5分程度）	・ホワイトボードを使って意見の要点を説明したり，話合いの流れに沿って新たな情報を書き加えたりするように指示する。 ・考えをさらに深めるために，全体で取り上げるべき個人の意見の更新やグループの話合いの展開を記録しておく。
5分	5　全体で学びを振り返る。 ・意見の更新とその理由 ・他から得た情報と意見の整理 ・後輩へアドバイスとして伝えたいこと	・ホワイトボードでの交流の記録を基に，意見や資料（情報）についてグループの話合いを全体に広げる。 ・自分の意見の「主張」「根拠」「理由」のつながり方についてもう一度見直し，不十分なところを明確にして，次時への見通しをもたせる。 ・本時の学習を踏まえて新たに追加された後輩へのアドバイスを記録するよう指示する。 ・課題解決のために情報を引き続き収集するよう助言し，学習意欲の継続を促す。

4 授業展開例

前時の2時間で「芭蕉が松島の句を載せなかったのはなぜか」についてその理由を考え，意見として組み立てました。その際，下記のように意見の主張，根拠，理由のつながりが可視化できるようなワークシートを活用しました。

〈ワークシート記入例〉

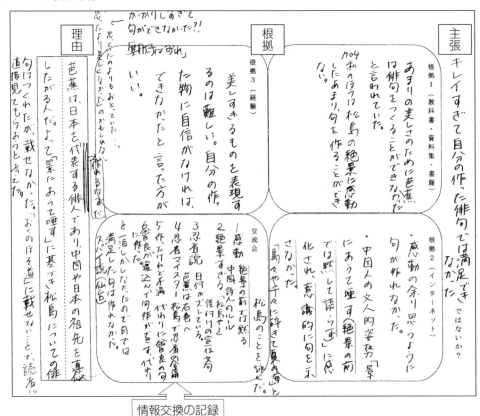

自分の意見をまとめるために，グループで書籍・インターネット・自分の経験からそれぞれ根拠となりそうな情報を集めました。そして最後に個の主張を支える根拠を選択しました。

タブレットPCは4人に1台の使用でしたが，まず「松島」を調べ，写真や映像で景色を確認するグループが多く見られました。第2次第2時に，「他のグループの見つけた情報を知りたい」という声が生徒から多くあがり，根拠になりそうなデータを全体に紹介をする場を設けることになりました。教師の想

定外の活動でしたが、タブレットPCをそのまま実物投影機でスクリーンに映し出すことで、生徒は比較的簡単に短時間で収集した情報を紹介することができました。このように生徒の学習課題への関心の高まりを継続しながら、本時に入りました。

> **課題** 芭蕉が松島の句を載せなかったのはなぜか。

4人グループの話合いの後半の展開です。

> 個人の意見
> 生徒A　松島の風景があまりにも美しすぎて、芭蕉は言葉にすることができなかったから
> 生徒B　芭蕉は絶景の前では口を閉じるという中国の文人の思想を取り入れているから
> 生徒C　思い出の記録の修学旅行記と違って『おくのほそ道』には大きな使命があるから
> 生徒D　あえて俳句を詠まないことで読者に松島のすばらしさを想像させようとしたから

生徒A　修学旅行で行った沖縄は、空が曇っていても海が青くてとてもきれいでずっと見ていました。でもそれを「真っ青な海」とか「感動」って書いた時点で文章がダメになるような気がして…。どう書けばいいのかわからなくて書きました。言葉を超えた感動？というのでしょうか。やっぱり松島の景色が美しすぎたのだと思います。

生徒B　芭蕉は俳諧の名人だから…ここでも俳句は絶対詠んだはずです。でも昔の詩人たちへのあこがれがあったから、「絶景の前では口を閉じる」という中国の文人の思想をまねて載せなかったのだと思います。文庫本を読むと、松島の描写では「予は口を閉ぢて」と書いてあるし、芭蕉が好きな人が「おくのほそ道」を読むと思うから…<u>芭蕉が昔の文人たちにあこがれていることを、読者は知っていると思います。</u>

生徒C　Aさん、芭蕉は景色の説明は十分にしていると思いますよ。それから僕はBさんとは違って、俳諧の名人なのに句を載せてないところがわかりません。逃げてる感じがします。さきほどもBさんに質問したけれど、<u>読者は納得しないと思います</u>。芭蕉って言葉と心が違うところがあるのではないですか？　まだ今は想像しかないけれど、読者に伝えたい大きな何かがあると思います。推敲にすごく長い時間をかけているということも関係あると思います。

教　師　「作者」から「読者」へと話合いの視点が変わってきましたね。「読者」は大切？

生徒D 句を載せても載せなくても，読者は大切にしないといけないと思います。私の修学旅行記は，その視点が欠けていたと思います。「載せなくても」というのは，あるサイトには「芭蕉は言葉に表しきれないものは言葉にしない」ということが書いてあったからです。たとえば観光地のガイドブックも全部書いてあると旅行が面白くなくなるから，「想像させる」ということを考えました。もしかしたらAさんの言う「言葉を超えた感動」を表すときの芭蕉の技だったと考えてもいいのかな？ <u>芭蕉はどんな人を読者として想定していたのか調べてみたいです。</u>…

　本時では自分の意見を磨くため，グループでの話合い活動を中心に進めました（「質的充実」）。まず自分の意見を見直す時間を持ち，次にお互いの意見がどのように組み立てられているのかをワークシートで見取りました。その際，質問を付箋に書いて交換しました。

　グループでの話合いの前に，メンバーから出された質問に対する答えを考えます。また根拠とした資料を読み返したり，主張・根拠・理由のつながりに不整合はないかワークシートを見直したりして，自分の意見としっかりと向き合う時間を取ります（「量的充実」）。話合いの中で教師は要点をまとめたホワイトボードで展開を確認しながら，それぞれのグループの意見を整理して考えを深めるポイントの焦点化を心がけました。

〈振り返りの例〉

生徒B
　Cさんと意見の相違はあったけれど，話合いを終えて新しい発見がありました。「予は口を閉ぢて」の続きを読むと「眠らんとしていねず」とあり，<u>芭蕉が「おくのほそ道」に込めた願いや表現の意図についてもう一度考え直さないといけない</u>と気づかされました。「中国の文人の思想」だけでは説明できないような気がします。

生徒D
　<u>みんなと話し合ううちに読者の存在が大きくなってきたと思います。長い旅だったことや，十分に推敲されていること「おくのほそ道」を比べて自分の修学旅行記に足りなかったのは読者の存在を意識することだったと思いました。読者は「大切」です。</u>（下線筆者）

　次時では書く活動と関連させ，修学旅行記を書くときのアドバイスとして後輩に「おくのほそ道」での芭蕉の表現の技を伝える文章を書きました。実際にアドバイスを受けた後輩から感想をもらうこともでき，生徒たちの励みになりました。

〈後輩へのアドバイスの例「修学旅行記を書く君へ〜『おくのほそ道』に寄せて〜」〉

生徒D
　あなたは沖縄への修学旅行でどこが楽しみですか？　松尾芭蕉は46歳で出かけた旅について「おくのほそ道」で，「松島の月まづ心にかかりて（早くも松島の月の面影が心に浮かんできた）」と書いたように，旅が始まる前から松島に行くことを楽しみにしていました。しかし角川ソフィア文庫本では，松島の後に行った平泉が「最大の目的地である」と述べられています。それはおそらく俳人である芭蕉が松島で句を載せていないことが原因であると思います。さてその理由は諸説ありますが，<u>僕が納得し筋が通っていると思ったのは俳人長谷川櫂さんの文章です。</u>そこには，「嶋々や千々にくだきて夏の海」という句が取り上げられています。この句を載せなかった理由として芭蕉は，現実の景色だけで想像の世界がない句は載せないで，読者が想像をはたらかせることのできる紀行文にしようと考えたのではないかと書かれていました。僕は修学旅行記も同じことが言えると思います。事実だけを並べるのではなく，読み手に想像させるような工夫をすることで，あなたにもただの個人の記録ではない，歴史に残る修学旅行記が書けるのではないでしょうか。
　　　　　　　　　　　　　　　　　　　　　　　　　　　　　　　　（下線筆者）

生徒E
　私は3つアドバイスをします。まず「感動を無理に言葉にしない」です。これは「おくのほそ道」で芭蕉も使った技です。芭蕉は松島の地で句を詠みませんでした。あえて言葉にしないことで美しさを美しいまま伝えるという漢詩の世界での考えでもあります。次に「出発する前の気持ちを残しておく」です。芭蕉も旅立つときの心情をしっかりと表しています。そうすると帰って来たときの気持ちと比較できるので，よい素材になると思います。最後に「五感をはたらかせてメモをとる」です。「おくのほそ道」ではそれが歌枕で詠まれた俳句だと思います。「また行きたい」のような感想は使えません。
　<u>最後に余計なことですが，修学旅行記を書くためのヒントがこんなにあるのなら，私も出発の前に「おくのほそ道」を読んでおけばよかったと後悔しています。</u>
　　　　　　　　　　　　　　　　　　　　　　　　　　　　　　　　（下線筆者）

　生徒Aの文章には自ら情報を収集した「根拠」（下線部）が，また生徒Bの文章には，古典学習の意義に触れる文章（下線部）が記されています。修学旅行記を書いた体験を「おくのほそ道」の古典学習とつなぎ，後輩へのアドバイスに生かすような実生活に近づけた課題と，意見を磨くための話合いを設定することで，生徒は主体的な学びを展開することができるのです。
　　　　　　　　　　　　　　　　　　　　　　　　　　　　　　（藤崎　裕子）

第3章

アクティブ・ラーニングを位置づけた中学校国語科の授業の評価

1 アクティブ・ラーニングにおける評価

❶よりよい学びの実現に向けて

　生徒はどのように学んでいるのか，学んだのか。期待した学力（ことばの力）を身につけることができたのか。授業（指導）は，彼らのそうした学びの実現に効果的，適切であったのか。こうしたことに意識を向け，手応えを得るためには，生徒たちのことばの学びのありようを評価することが欠かせません。しかし，ついつい授業をやりっ放しにして，先へ先へと単元を進めていくことになるのも現実ではあります。

　アクティブ・ラーニングが目指すのは，知識や技術のみならず，思考力・判断力・表現力や主体的に学ぶ態度をも育てる深い学びです。従来の総括的で，標準的なペーパーテストのみでは，深い学びを十分には評価できません。かと言って，評価のための評価では意味がありません。また簡単で，取り組みやすい評価でなければ，生徒も教師も息が続きません。

❷つけたい力を明確に

　思考力・判断力・表現力を育てようとすると，様々な言語表現の場を設定することが必要になります。国語科では単元学習の実践を中心に，具体的な活動の場（「実の場」）に生きてはたらくことばの学習を重視する課題解決的な実践研究がなされてきています[1]。

　ことばの世界のおもしろさが感じられそうな課題や，自身のことばの生活につながりがありそうな課題が学びの対象になれば，夢中になってことばで考え，表し，他者に伝えたくなるはずです。生徒にとって切実な問題，課題，活動の場をどう設定するかが重要になります。

　パフォーマンス課題と呼ばれるこうした類の課題は，アクティブ・ラーニングの導入によってその意義が注目されています。パフォーマンスとは，自分の考え方や感じ方といった内面の精神状況を身振りや動作，絵画や言語などの媒体を通じて外面に表出すること，またはそのように表出されたものを言います[2]。中央教育審議会（2015）で示すパフォーマンス課題のうち，国語科とかかわりが深いものとしては，以下のようなものが挙げられています[3]。

- ・エッセイ，小論文，論説文
- ・研究レポート，研究論文
- ・物語，脚本，詩
- ・朗読，口頭発表，プレゼンテーション
- ・グループでの話し合い，ディベート
- ・演劇

これらの課題（学習活動）の多くは、提示の仕方を工夫すれば、生徒にとっては魅力的で、取り組むのに価値のあるものです。毎単元このような課題を設定することは難しい面もあるでしょうが、年間に１つでも、２つでも、取り組ませたいところです。

　一方で、これらのパフォーマンス課題による学習が表面的な活動に終わっていないか、ことばの力を育て得たか、見極め、生徒へのかかわり方に生かしていかねばなりません。喜んで取り組んでいるようでも、ことばの本質的なおもしろさ、よさに触れていなければ、本当の意味での楽しい学習にはなっていないはずです。そのためには、そのパフォーマンス課題でつけたい力を明確にしてとらえておく必要があります。パフォーマンス評価と呼ばれるものです。

　パフォーマンス評価とは、評価しようとする能力や技能を実際に用いる活動の中で評価しようとする方法のことです[4]。知識やスキルを使いこなす（活用・応用・総合する）ことを求めるような評価方法（問題や課題）の総称であるともされています[5]。

　物語を創作するという課題に取り組ませる場合、どんなものを、どのように書いてもよしとすることにはなりません。もちろん生徒の実態や指導時期によっては、書き上げたこと自体でＢ標準の評価（おおむね満足できる）としたい場合もあるでしょう。それでも「はじめ―中―終わり」の構成が取れている、教科書教材として読んだ小説の特徴的な人物描写の方法を用いているなど、物語を書く際に必要な言語技術、想像力や表現力の活用という観点でつけたい力を明確にしておくことは、評価の前提とも言える大切な仕事です。先の書き上げたことでよしとしたい実態であっても、目指すべきところにどれだけ触れられているか見極め、生徒の努力を認めた上で、次の段階へ進む道筋、手順を示してやりたいものです。

❸「目標―指導―学習―評価」の一体化

　つけたい力、目標が定まったら、それに対応した指導のあり方（＝学習活動のあり方）を考え、授業づくりに取り組むことになります。目標が達成できたか、つけたい力がきちんとついたか、総括的に学習成果を評価することは必要ですが、大事なことは単元のプロセスにおいて生徒の学習状況を随時確認し、以降の指導に生かすための評価（形成的評価）です。

　アクティブ・ラーニングが目指す深い学びを実現するには、生徒がどこでつまずいているかを単元の途中段階で把握し、不十分な点は補ったり、再度確認や促しを行ったりすることが必要です。つけたい力を明確にし目標を定めたわけですから、指導者はその目標を達成するのにふさわしい指導のあり方を、生徒の実態に即して考えます。生徒側からすると、つけたい力に直結した学習活動が設定されることになります。

　それでも思ったようにいかないのが授業というもの。生徒が人物描写の方法をとらえきれずにノートにまとめていた、ということもあるはずです。生徒の表現したものから、彼らの学習ぶりを評価し、そこから目標に即した指導のあり方を反省する。そして、その反省を基に、次

時以降の授業に修正をかけていく。こうした「目標―指導―学習―評価」の一体化を図った取り組みが、アクティブ・ラーニングではいっそう重要になってきます。

❹ 簡便なものに

　評価活動で実際問題として一番大切なことは、簡単にできるか、使い勝手のよい便利な評価の道具かということだろうと思います。複数クラスの、かなりの数の生徒の学習ぶりを評価することになります。内容や手続きが複雑であったり、時間がかかり過ぎるものであったりすると、1回だけならまだしも継続して行うことはできません。

　先に挙げたパフォーマンス評価の場合、ルーブリックと呼ばれる採点の指標（評価基準表）を作成しそれに基づいて評価することが強調されています。生徒の学力の見取りを的確にしようとすることは大切です。しかし、あまりに細かで詳細なものになってしまうと、面倒だなという感覚が先に立ってしまいます。まして授業中に、その評価基準によってよき学びに導くよう声をかけようとしても、細かく基準に沿った指導など普通はできないものです。

(1) 2段階評価で簡便に

　こうした問題を解消しようと、評価を2段階で簡便に行う取り組みがあります[6]。この取り組みでは、評価規準を基に「おおむね満足できる」状況（B段階）にあるのかどうかのみで、まず判断します。この判断による区分を基点に、「努力を要する」状況（C段階）にあるなら「おおむね満足できる」状況（B段階）へ導くよう指導し、B段階と判断した中から質的な高まりが認められる場合は、「十分満足できる」状況（A段階）と判断するというものです。

　大雑把な感じがするかもしれませんが、授業する立場としては、これくらいのおおまかなものでないと使い勝手が悪いように思います。4段階や5段階基準の詳細なルーブリックは、授業内容を他者に説明する分には都合がよくても、指導の際には機能しにくいでしょう。

　ルーブリックが必要ないと言っているのではありません。詳細なルーブリックを用意することで教材解釈が的確になり、生徒の実態を緻密に見定められるようになることはあります。しかし、細かな評価基準の作成が自己目的化したり、作成や授業での活用そのものが負担になったりしたのでは、せっかくの労力に見合う成果が出せません。

　精細な評価基準の活用に向かう前段階のルーブリック・評価基準のありようとして、簡易型の2段階評価の導入を試みてもよいかと考えます。

(2) つけたい力に限定した評価に

　評価活動の負担を感じることの要因の1つに、たくさんのものを処理しきれない、時間がかかる、ということがあります。そして、それは生徒の表現したものをどう見ればよいか、どう評価すればよいかわからない、という悩みと連動します。これはパフォーマンス課題を解決することによってでき上がった成果物、表現物を評価する場合に直面する問題です。先に挙げた

生徒創作の物語など，特に彼らが書いたものを評価する際に実感することです。

　こうした場合，留意したいのは，設定したつけたい力（目標）と対応した内容（指導事項）に即して彼らの書いたものを読み，それらに該当する表現がなされているかどうかを判断するということです。もっと言えば，つけたい力との対応で重点的に指導した（生徒に書き表してほしかった）ことだけに限定して，（「2段階基準」に則れば）「おおむね満足できる」状況（B段階）かどうか判断しようということです。

　上述した物語創作の課題の場合，「はじめ―中―終わり」の構成が取れていること，教科書教材として読んだ小説の特徴的な人物描写の方法を用いていることの2つを「つけたい力」として設定しました。したがって，生徒が創作した物語を読む場合も，この2点についてのみ見ていきます。そして，「おおむね満足できる」状況であればB段階と判断します。

　こうした作文を評価する場合，内容面，全体の分量，文字の美しさなども対象として考えられます。もちろん豊かな内容であることは大事です。たくさん書けることも，きれいな字で書かれていることも，書く力の総体としては重要です。ただ，これらも全部評価するとなると，多くの労力と時間を要します。しかし，設定した2つの「つけたい力」を習得した書きぶりができているかどうかだけを評価するのであれば，負担感は軽減されるでしょう。

　また字の美しさは，すぐには解決できません。構成面と描写面の目標がクリアできているのに，字が下手ということでB段階にならないのなら，この生徒はどんな課題であっても，どのようにそれらを解決・達成できたとしても，常によい評価は得られないということになります。

　何回かに1回でも，こうした限定型の評価の仕方を取り入れて，機能的な，そして生徒にも教師にもやさしい評価活動になればと考えます。

(3) 単元の節目での評価を

　生徒の学習ぶりを細かく把握しようということであれば，毎時間彼らの書いたものを読んで理解の度合いを確かめるのがよいのでしょう。しかし，それでは大変です。1学級だけならまだしも，複数学級を担当している状況では負担が大きすぎ，評価倒れになってしまいます。

　単元における学習の節目となるような時間に絞って回数を減らして評価を行っても，生徒の学びの深さの程度やつまずきの傾向をつかむことはできます。八田（2016）も，形成的評価の目的はあくまで改善であること，したがって毎回の授業で評価を行う必要はなく，単元や授業のポイントとなる内容に関して，個人・グループ・クラス全体に対してフィードバックを行うことができればよいことを指摘しています[7]。

　避けたいのは，しんどさが先に立ってしまい，つけたい力（目標）に即した指導や学びがなされているのか確認することなく，感覚，雰囲気で授業を進めてしまうことです。物語の創作に向けて，グループでの話合いが活発になされているように見えても，授業後の学習のまとめに人物描写の効果について触れられていなければ，話合いのテーマや観点を修正する必要があるかもしれません。ですが，そうしたことに気づかず授業をとにかく進めてしまうと，生徒は

深い学び，楽しい学びに到達することはなかなかできないでしょう。

　読み深める段階の学習が3時間であったなら，1時間目か2時間目どちらか1回でもノートやワークシートに書かせた内容を読んで，生徒の学習ぶりを評価し，次時の指導のあり方を考え直すようにしたいものです。

❺カリキュラムの中での評価活動

　アクティブ・ラーニングの積極的な活用で育てたい思考力・判断力・表現力のような高次な学力は，1単元のみで習得されるものではありません。もちろん1つの単元の中で意図的に，確実に育てるべく計画され，指導され，評価されることは必要です。また，そうした取り組みが単元の学習として着実になされてこそ，思考力等は習得されることも事実です。

　しかし，やはり原則的には，1年そして3年間を通して育てていこうとする中で，徐々に身についていく類の力です。その意味では，単元レベルで形成的，総括的に，彼らの学習ぶりを観察したり，文字言語や音声言語で表現したものの出来映えを見定めたりする評価活動を，1年間（3年間）という長期的なスパンに広げて考えることが必要です。つまりカリキュラムレベルでの評価という発想をもってはどうかということです。

　これは言い方を変えると，思考力・判断力・表現力を育てるという目標は，領域が違い，教材が変わり，学期（学年）が進んでいっても共通して位置づけ，その目（観点）で生徒のことばのありようを評価していくということになります。

　この際にも肝心なことは，先に述べたように簡便な評価方法で，ということです。年間を通して評価をと口で言うのは簡単です。とはいえ，たくさんの生徒を担当します。実際，大変なことです。しかし，それぞれの学びのありようを，小さな点であってもつなげていって線にすることで見えてくる，その子のことば，力の育ちがあります。

　その単元では見えなかった表現力が，少しずつカリキュラムの経過の中で発現されていく。そうしたわずかな成長は，継続して見ていこうとする教師の意志，姿勢にかかっていると言えます。アクティブ・ラーニングの活用が，それを手助けすることになると期待します。

〈注〉
1　橋本暢夫（2001）「実の場」日本国語教育学会編『国語教育辞典』朝倉書店，2004年第3刷，p.198
2　田中耕治（2008）『教育評価』岩波書店，p.154
3　中央教育審議会教育課程企画特別部会（2015）「教育課程企画特別部会　論点整理」補足資料，p.204
4　鈴木秀幸（2006）「パフォーマンス評価」『教育評価事典』図書文化，p.175
5　2に同じ
6　積山昌典（2016）「ヒントは，『できない理由』の中に」『教育科学国語教育』明治図書，No.794，pp.66-69
7　八田幸恵（2016）「アクティブでコミュニカティブな読みの行為を育てる『真正の評価』と『パフォーマンス評価』」同上書，pp.10-15

　　　　　　　　　　　　　　　　　　　　　　　　　　　　　　　（吉川　芳則）

【執筆者紹介】（執筆順，所属は2015年度）

吉川　芳則（兵庫教育大学大学院）

西　香保里（兵庫県淡路市立津名中学校）
谷　　健年（兵庫県淡路市立一宮中学校）
藤崎　裕子（香川大学教育学部附属高松中学校）
川田　英之（香川大学教育学部附属坂出中学校）
萩中奈穂美（富山大学人間発達科学部附属中学校）
西山佳代子（兵庫県養父市立養父中学校）
大西小百合（香川大学教育学部附属坂出中学校）
廣中　　淳（山口県田布施町立田布施中学校）
伊藤　和也（兵庫県淡路市立一宮中学校）
大谷　卓治（兵庫県神戸市立御影中学校）

【編著者紹介】

吉川　芳則（きっかわ　よしのり）

兵庫教育大学大学院教授。博士（学校教育学）。
兵庫県生まれ。神戸大学教育学部卒業。兵庫県公立小学校教諭，兵庫教育大学附属小学校教諭（この間に兵庫教育大学大学院修士課程言語系コース修了），兵庫県教育委員会事務局指導主事を経て現職。
全国大学国語教育学会（理事），日本国語教育学会，日本読書学会，日本教育方法学会等会員。国語教育探究の会事務局長。

【主な著書】

『教室を知的に，楽しく！　授業づくり，学級づくりの勘どころ』（三省堂，2015年，単著）
『説明的文章の学習活動の構成と展開』（溪水社，2013年，単著）
『読解と表現をつなぐ文学・説明文の授業』（学事出版，2013年，共編著）
『「新たな学び」を支える国語の授業（下巻）』（三省堂，2013年，共編著）
『クリティカルな読解力が身につく！説明文の論理活用ワーク（低・中・高学年編，中学校編）』（明治図書，2012年，編著）
『思考力，表現力を育てる文学の授業』（三省堂，2010年，共編著）
『小学校説明的文章の学習指導過程をつくる』（明治図書，2002年，単著）

アクティブ・ラーニングを位置づけた
中学校国語科の授業プラン

2016年7月初版第1刷刊	ⓒ編著者	吉　川　芳　則
2016年9月初版第2刷刊	発行者	藤　原　光　政

発行所　明治図書出版株式会社
http://www.meijitosho.co.jp
（企画）木山麻衣子　（校正）奥野仁美
〒114-0023　東京都北区滝野川7-46-1
振替00160-5-151318　電話03(5907)6702
ご注文窓口　電話03(5907)6668

＊検印省略　　　　組版所　長野印刷商工株式会社

本書の無断コピーは，著作権・出版権にふれます。ご注意ください。

Printed in Japan　　　　ISBN978-4-18-252924-5
もれなくクーポンがもらえる！読者アンケートはこちらから →